賴 偉寧
Wai Ling Lai

寺嶋正明
Masaaki Terashima

山 祐嗣
Hiroshi Yama

編

健康的存在
Healthy Beings

ナカニシヤ出版

はじめに

学際的に「健康的存在」を論ずることの意義

Lai, Wai Ling・寺嶋正明

　古代ギリシャ以来，知を追求することや幸福を追求することに劣らないほど，健康を追求することは，人生において追求するべきことの中でもっとも重要なものの一つとみなされてきた。しかしながら，「健康的存在」についての理解はもっとも達成されていないものの一つでもある。実際，健康に関する研究は 2,500 年以上にもわたって，その方法論に大きな変化や挑戦的試みがなされていない，ひたすら直線的なアプローチであった。体の組織と関連するものとしての健康，すなわち「健康を生み出すということは体の構成要素のもつ役割を相互に支配したり，支配されたりしている自然法則の中に位置づけることである」というプラトンの考え（Cooper & Huchinson, 1997）に従って，健康の研究は個人の健康に影響を与える病気や慢性的な疾患に焦点をあてたものがほとんどであった。医療技術の進歩により，病気の治療方法は非常に進歩し，人間の寿命が延長されてきたことには疑いがない。強力な医薬品の発明と精緻な治療技術のおかげで，従来は致命的とみなされていた多くの疾患を現在ではほとんど完全に治すことができる。さらに，わたしたちは遺伝子を操作して，生命の遺伝的な特徴を変える技術さえももっている。

　しかしながら，健康に関連した多くの問題は医学が治療できる領域を超えて存在している。自分の仕事を失うことや社会で多発する犯罪によって引き起こされる不安や過度の仕事や勉強によって生じるストレスなどは身近な例である。医学の進歩によって長寿の人が増えたことによる社会的な問題が人々の生活に大きなストレスを与えていることさえもある。「健康的存在」の明確な定義は 1948 年まで示されたことはなかったが，そのときに示された定義は，健康に関する研究を「直線的な研究」から「学際的研究」へ転換させる原動力となった。その定義とは「健康的存在

とは単に病気あるいは虚弱が存在しない状態ではなく，生理的，精神的そして社会的に完全に満足できる状態である」というものである。この定義は1946年にニューヨークで開催された国際健康会議において，WHO（世界保健機構）憲章の序文（1948年4月に発効）の一部として採用されたものである。

　以上は，換言すれば，健康を，「自然環境・社会環境における健康的存在」というシステムとして捉えていこうということである。したがって，言語も，経済システムも，科学文明も，人類がより健康的存在であることを志向して進化・発展させてきたものということができる。しかし一方で，健康という用語は使用されていなくても，文明論的な枠組みの中で，経済や科学技術の発展が人間の幸福に貢献しているかどうかという懐疑は多くの社会科学的領域で議論されている。西洋では，文明の発展とともに自然環境のみならず，人間の自然さも失われていくという危機感が伝統的に大きい。大きな影響を与えたのは，ジャン＝ジャック・ルソー（Jean-Jacques Rousseau）で，彼は，例えば，文明に縛られない自由さをもち，貧しくとも道徳的で平和に暮らす誇り高き人々というイメージで未開の人々を捉えた「高貴な野蛮人」を人間の自然状態の理想的なあり方として，提唱している。そして，彼の影響を受けたヘンリー・ソロー（Henry D. Thoreau）など，多くの人々が，現代文明への批判と自然への回帰を示唆するようになった。

　しかし，「高貴な野蛮人」は実際にはありえないとし，現代がいかに豊かになり，暴力や殺人が減少して平和になったかを主張する書籍も多く出版されるようになった。例えば，リドレー（Ridley, 2010）は，生産が増えてもそれによって人口が増えて結局は豊かになれないというマルサスの罠を，人類がいかに乗り越えて，豊かになったのかをさまざまな要因から詳細に記している。そして，もちろんそれによって，わたしたちは病気の克服と長寿を謳歌できるようになった。また，ピンカー（Pinker, 2011）は，17世紀頃からの残虐行為や拷問などの減少，第二次世界大戦以降の殺人などの減少を指摘し，人道主義の普及や取り締まりの制度（リヴァイアサン）の充実に原因があると推定している。このような潮流に鑑みれば，「豊かさの中で人間性が失われた」というステレオタイプ的な現代論では，議論の発展は望めない。一方で，「人間性が失われた」かどうかまでは判らないが，コミュニティの崩壊を指摘した書は少なくない。例えば，パットナム（Putnum, 1996）は，第二次世界大戦後の，米国におけるさまざまなコミュニティや団体等に参加する人の減少を指摘し，社会ネットワークとしての価値，すなわち「社会関係資本」が貧困になりつつあるという点で警鐘を鳴らしている。物質的豊かさは，分業化とそれに

よる専門化の結果であるが，そのためには自給自足ではなく広範な交易や物流が必要である。この交易が世界規模で広がっているのが現代のグローバル化であり，伝統的なコミュニティの崩壊はある程度は避けられないものなのかもしれない。日本においても，「無縁社会」という言葉が取り上げられるようになったが，これが，経済的豊かさの必然なのか，あるいは解決が産業化と両立しうるものなのかについては不透明なままである。

　本書は，このような問題に直接何か回答を得ようとするものではないが，「健康的存在」を学際的視点から理解しようとするものである。しかし，本書が基本的に目指すものは，さまざまな多くの学問領域を基盤として「健康的存在」の統一的な理論を形成しようとすることではなく，健康的存在を研究することを共通の目的にすることによって，どのように学際的な研究を行うことができるかを示すことである。その目的を達成するために神戸女学院大学に所属するさまざまな学問領域の研究者を結集する試験的なプロジェクトが開始された。集まった研究者の学問領域は哲学，心理学，社会学，言語学，環境科学，健康科学にわたり，学際的研究チーム「The Healthy bEing Interdisciplinary Studies Team （THEIST）」が結成された。学際的な研究とは共通の目標を目指してお互いの洞察力を統合できるようにいくつかの学問領域を組み合わせる研究手法である。そのような研究手法は通常一つの学問領域がもつ知識や研究方法では取り扱えないほど複雑あるいは広大な問題を取り扱うために用いられる。例えば，健康の研究，こころの研究，気候変動の研究などはすべて単一の研究手法では取り扱えない複雑な問題である。情報交換手段の発達やグローバル化の進行のおかげで，学際的研究の手法はヨーロッパや北アメリカで特に広まってきた。例えば，アメリカ労働統計局（www.bls.gov）によれば，アメリカの学位授与機関によって授与された学際的な研究に関する学位の数は1996-1997 年の 9,182 件から 2006-2007 年の 15,830 件に増加した。学際的な研究手法は日本の大学でも広まりつつあるが，どのようにして学際的研究を進めるかについての明確で実際的な提案はまだ提案されていない。この THEIST プログラムは日本の大学で学際的な研究を実際に進める方法についての一つの実験的なプロジェクトである。異なる学科に所属する研究者がどのようにお互いに協力するかを現実的に示すことがこのプロジェクトの目的である。生理的，心理的，社会的，環境的に満足できる状態という複合的なものとして定義されている「健康的存在」を構成している種々の要因をプロジェクトメンバーがそれぞれ研究することを通じて研究者を結びつけるということをこのプロジェクトでは特に提案している。研究協力

は THEIST のメンバーそれぞれによって行われる「健康的存在」に関する連続したセミナーを通じて進められ，その研究成果がこの本にまとめられている。

「健康的存在」に関する研究を共通の研究目標とした理由は，すべての確立した学問領域が実質的に究極の目標としているものだからである。さまざまな学問領域を結びつけることのできる研究の方向性はいろいろあるなかで，それぞれの研究分野が担当できる適切な課題をプロジェクト全体の中で見つけることが重要な問題であった。この問題は異なる研究分野の専門性や研究の興味に関連して答えることのできる適切な研究課題を設定することで解決された。すなわち，THEIST プロジェクトの主要な研究課題は「健康な状態を形成している要因は何であるか？」とした。この問いに対して，この本の出版に貢献しようとする THEIST メンバーはさまざまな研究分野に所属する参加者を対象にセミナーを行い，自分の専門性と研究の興味に関連してどのように THEIST の研究課題に答えるかを発表した。これらのセミナーとその場での質疑応答をもとに，この本の各章が執筆された。

まず，人間個人の問題から「健康的存在」に対する論考からを始め，ホメオスタシスの維持ということについて認知科学の立場からの考察（第 1 章）に続いて，自己卑下・自己高揚という事象から「文化」を介した適応課題を解決するための戦略の考察（第 2 章）が加えられた。人間が一人では存在できないのは自明であり，人と人との間が「健康的存在」を形作っていくためには本質的に重要である人と人とのコミュニケーションを媒介する言語の問題については言語学，比較言語学の立場からの考察（第 3 章，第 4 章）が試みられた。また，人間の集団として民族，社会，国家間の間でお互いが「健康的存在」をめぐっては社会学的な視点から，異なる文化を背景とした国際コミュニケーションと通訳の問題（第 5 章）について，社会的視点からのアプローチがなされた。「健康的存在」を論考するには人文科学的側面だけでは，その一面を論じているにすぎず，環境科学的，健康科学的考察が必要不可欠である。この本の後半では自然科学的な論考が展開され，人間の科学技術によって生み出された環境化学物質が人間のみならず，自然界の動物の行動に与える影響（第 6 章），再生医療など生命の本質に迫る科学技術，医療技術に関する細胞レベルでの考察（第 7 章）が考察されている。

以上のように，この本では学問領域を異にする 8 名の研究者がそれぞれの学問領域を背景にして，「健康である」について論考を加えることで，THEIST プロジェクト全体として，人間個人の内的問題，人間間のコミュニケーション，文化間，国家間の相互関係，自然との関係の中での人間の存在というように，広大で複合的な

問題である「健康であるとは何であるのか？」という課題に取り組んだ試みである。もちろんわずか8名で，健康的存在という，かくも広範におよぶ問題をカバーできているとは思えないし，また，領域として取り扱っていないものも多い。しかし，毎回のセミナーでは専門を異にする講師に参加者がいろいろな視点から質問をすることによって，「健康的存在」についての共通理解が生まれ，お互いの理解の幅が広がる楽しさを感じることができた。とかく学部・学科間の壁が厚く学問的な相互交流があまりない日本の大学で，学際的な研究を実際に進める方法としてこの実験的な THEIST プロジェクトが一つのモデルとして貢献できることを願っている。

【引用・参考文献】

Cooper, J. M., & Huchinson, D. S. (1997). *Plato complete works*. Indianapolis, IN: Hackett Publishing.

Pinker, S. (2011). *The better angels of our nature: Why violence has declined*. New York: Viking.（ピンカー・S. 幾島幸子・塩原通緒（訳）(2015). 暴力の人類史　青土社）

Putnam, R. D. (2000). *Bowling alone: The collapse and revival of American community*. New York: Simon & Schuster.（パットナム・R. D. 柴内康文（訳）(2016). 孤独なボウリング—米国コミュニティの崩壊と再生　柏書房）

Ridley, M. (2010). The rational optimist: How prosperity evolves. New York: Harper Collins.（リドレー・M. (2010). 太田直子・鍛原多恵子・柴田裕之（訳）繁栄—明日を切り開くための人類10万年史　早川書房）

目　　次

01 ホメオスタシス的維持と精神

Lai, Wai Ling ／寺嶋正明 [訳]

　ホメオスタシス（homeostasis）は人間の生命を維持するために不可欠なものである。さらに，わたしはそれが人間の心を理解するためにも不可欠であるという考えにも賛同している。1932 年に W. B. キャノン（W. B. Cannon）によって新しく造られた言葉「ホメオスタシス」は，外界の変動にも関わらず安定な体の状態が保たれる生理学的な機構について述べている。人間のような恒常的性質をもつ生命体は，外部環境からの一定しない刺激への耐性があるので，比較的高い移動性や柔軟性のある複雑な生活様式（例えば近代化された都市での生活様式）が可能である。しかしながら，複雑な生活様式についていえば，恒常性の維持がいかに正確に生じるのかについては（例えば，その場所で水が常には近くで手に入らないような生活様式の中で人はどのようにして水を手に入れるのか）説明されていない空白部分が存在する。わたしの考えでは，説明されていない空白部分というのは「心をどこに当てはめることができるか」という問題である。この論考の中で，生存に必要なものを得るためにわたしたちに識別できる持続的な行為を起こさせるという意味において，心的表象は複雑な人間の生活様式の中で生存を維持するために実用的に必要な精緻な「手段」であることを議論したい。

第 1 節　はじめに

　微生物，昆虫，植物，鳥，両生類，爬虫類，哺乳類，そして全ての中でもっとも複雑な生命体であるヒトを含む地球上の全ての生命体は，生存を維持するためにそれぞれにふさわしい「手段」をもっている。例えば，ライオンやヒョウは平原に住

んでいるほとんど全ての種類の動物も追いかけ，狩ることができるように速い速度で走ることができ，力強い爪や歯をもっている。一方，亀は強力な武器や速度をもっていない。しかし陸や海から襲ってくるどのような攻撃にも抵抗することが可能である突き通せない甲羅をもっている。強力な武器あるいは強い防御物をもたずに生まれた生命体は，それでも生存するために他の「手段」をもっている。例えば，チンパンジーには，道具を使って食べ物を採る能力や，社会や文化までも形成して，それによって狩りをしたり自分達を守ったりする能力がある。いうまでもなく，ヒトはもっとも成功した道具を使用する社会的な種である。わたしたちは道具を使う能力だけではなく，さらに重要なことに，わたしたちが使っている道具を改良したり，発展させたりすることのできる能力をもっていることである。そして，わたしたちの社会は，地球上の他のどのような生物の社会とも異なって，複雑な心的表象を用いて運営されているのである。

「哺乳類の生命」という BBC の自然ドキュメントリーのためにディビット・アッテンボローによって書かれた以下の脚本はカラハリ砂漠のサン族がどのように狩りをするのかを記述している。それは人類がもっと洗練された武器を発明する前にどのようにして狩りをしたのかを説明し，心的表象がどのように生存の維持に結びついていたかを説明している。

　　地上に残された痕跡を，何日も前にというほどではなくとも，何時間か前にその道を通った動物に結びつけるには，非常に深い想像力の飛躍が必要である。わたしたちが知る限り，人類だけが今までにそのことを行ったのだが，実際，地上の非常にわずかな痕跡さえも読取ることのできるある人々がいるのである。［…略…］それは，カラハリ砂漠のサン族の人々である。彼らは，もっとも古い狩りの技法であると信じられている「根気のいる狩猟（persistence hunt）」を使う地球上で最後の種族である。彼らの狩猟は獲物を追跡して捕らえることが特徴である。

　　彼らは静かに狩りをする。手のサインが彼らの一人がクーズーの群れの足跡を発見したことを示す。［…略…］彼らは足跡の間隔から動物の動きのリズムを感じ始めるのである。［…略…］そして，彼らは雄に全力を注ぐ。雄は一組の重い角を持ち，したがって，雌よりも早く疲れる。雄に全力を注ぐために，彼らは雄の足跡が他の足跡によってわからなくならないように群れから雄を引き離さなければならない。

　　何時間もの追跡の後で，彼らはほとんど集中力の昏睡状態といえる状態に入
った。クーズーの足跡のどんな痕跡も見ることが不可能となったときに，狩猟
者はクーズーが取るであろう道筋を想像しなければならない。
　　［…略…］彼らは今，狩りの次の段階，追跡に十分に近づいた。［…略…］忍
耐力が試されるのは今である。誰が最初にくじけるか，人間か動物か？［…略
…］追跡は 8 時間続いた。狩猟者も追われた方もその力の限界である。［…略
…］そして，クーズーが完全にくたくたになってくじける。

　　この脚本にあるように，サン族の狩猟者は，この「根気のいる狩猟」の間中，ク
ーズーを追跡するのに，彼らの深遠な想像力と肉体的な忍耐力しか使っていない。
しかし，狩猟者がもっていたもっとも強力な武器は，心的表象を形成する能力であ
る。例えば，彼らはクーズーの足跡の間隔からクーズーの進むペースを推論し，そ
して足跡がほとんど見えなくなったときにクーズーがとるであろう道筋を想像し，
推論した。これらの心的表象は，心の中のクーズーとその居所とを常に指し示すこ
とによって，狩猟者の全ての動作をクーズーに向かわせるうえで決定的な役割を演
じた。どれだけ狩猟者が肉体的に頑強であっても，永続的な誘導なしには彼らはク
ーズーを追跡して捕えることはできなかったであろう。
　　生存を維持するための多様な「手段」の違いは，その種の進化的な歴史の違いの
ためであると広く示唆されている。そのような示唆は，ある程度は妥当性がある。
カンガルーネズミ（砂漠地域にいる種子食のげっ歯類）が腹袋をもって生まれる理
由は，植物の種子が非常に小さいので一つひとつ集めることが非現実的である環境
に彼らが住んでいるからである。腹袋は小さな種子を巣穴に運ぶのに役立つ運搬装
置である。
　　しかしながら，カンガルーネズミが住んでいた環境の詳細な歴史に関する文献は
そのような環境でカンガルーネズミが腹袋をもって生まれた理由を説明するが，詳
細な歴史に関する文献だけではカンガルーネズミが腹袋をもって生まれた根本的な
理由を説明することはできない。そして，そのような文献だけでは，腹袋が種子を
運ぶために使われる理由を説明することができないのは確かである。種は，それぞ
れ住む環境に応じて，狩りをしたり防御したりするのにさまざまな「手段」を利用
する，しかし「手段」が環境の事情によってどのように変わろうとも，それらは基
本的には同じ目的，すなわちその種の生存の維持のための「手段」である。例えば，
クーズー狩りにおいて，ヒョウはカラハリ砂漠のサン族の人々とは非常に異なる

「手段」を使うであろう。前者は，強力な爪と歯に加えて恐るべき速さを利用するであろう。ところが後者では，獲物を追跡して仕留めるのに，彼らの想像力と肉体的忍耐力が利用される。たとえ直接的な攻撃でも，クーズーの狩りに使われた「根気のいる狩り」であっても，ヒョウもサン族の人々も同じ結末，すなわちクーズーの獲得（確かに，胃の中へ）に導かれる。「手段」の指し示す方向性は，「手段」そのものとは異なり，環境の変化によって左右されることはほとんどない。このため，生存維持の「手段」の違いを「手段」の指し示す方向を考慮に入れることによって理解するためには，わたしたちは環境の変化をより深く観察しなければならない。

　したがって，この論考の目的は，進化の歴史よりもっと深いもの，すなわち生存の維持を参照することによって，「手段」とその方向性を理解することである。わたしの研究の最終の目標の一つは，人間の生存と生存に必要とするものとの関係を調べることによって，心的心象の意図していることを理解することである。もう一つの目標はこころの研究において進化理論に取って代わる理論をもたらすことである。しかしながら，紙面が限られているので，この２つの巨大な仕事を次の機会に残しておかなければならない。ここで，わたしは心的表象が人間の生存維持に必要な「手段」である理由だけに焦点を絞りたい。したがって，人間の生存を維持するために用いられる独占的な「手段」を他の動物の生存維持手段から区別している。

第 2 節　ホメオスタシスとその意味するもの

　恒温動物の仲間として，人間の生存維持は恒常性維持，すなわちホメオスタシスの形式をとる。これは人類の生存を維持する「手段」を，他の種類の動物の「手段」から区別する基本的な要素である。

　「ホメオスタシス」という言葉は，それは文字通りには「同等なまたは類似した状態」（ホメオ＝「同等な」または「類似した」；スタシス＝「状態」）を意味するが，それは W. B. キャノンが造りだしたもので，ある有機的なシステムが経験する外界の変化を適切なフィードバックによって打ち消すことによって，その有機的なシステムの内部環境の不変性を維持するために作用する生理学的な機構を指し示すようその言葉を用いた。そのために，これらの恒常性を維持する機構は通常負のフィードバック機構と考えられている。

　負のフィードバック機構の身近な例は体温調節，すなわち温度の制御機構である。温度制御機構は，基本的に３つの要素（センサー，制御器，エフェクター）を含む

統合された制御プロセスを通じて働く。センサーは温度を検出するために働く。検出された温度は制御器に送られ，そこでの機能は，センサーから入力された温度と設定された温度を比べて，適切な応答を生み出すことによって室温を制御することである。例えば，もし検出された温度が設定された温度より高ければ，制御器は検出された温度が設定された温度と同じになるか低くなるまで，冷たい空気を作り出すためにエフェクターを作動させる。反対に，もし検出された温度が設定された温度より低ければ，検出された温度が設定された温度と同じになるか高くなるまで，暖かい空気を作り出すためにエフェクターを作動させる。この制御プロセスを通じて，部屋の外の温度の変化に関らず，一定の室温を維持することができる。

　体温調節と同じように，恒常性を維持する（負のフィードバック）機構は，基本的に外部環境からの一定しない刺激に応じて一連のフィードバック応答を生み出すことによって，内部の体の状態の恒常性を維持するために働く。フィードバック応答は外部環境に対応した因果関係のある一連の応答だけではなく，外部環境からの好ましくない影響を受けた人間の体を中和し，修復する働きのある一連の活動でもある。恒常的な維持を通して，外部環境からの好ましくない影響は最小に保つことができ，内部の体の状態は変化する環境の中で比較的一定に保たれる。

■ 2-1　ホメオスタシスの意味

　ホメオスタシスという考えは2つの意味をもつ。まず，わたしたちが生存するためにはわたしたちの内部の体の状態の恒常性を維持することが不可欠である。例えば，「血液中のグルコース濃度の70 mg/dℓへの減少は「低血糖反応」を引き起こし［略］45 mg/dℓへの減少は痙攣を引き起こし，おそらく昏睡や死を引き起こす：血中濃度の170から180 mg/dℓ以上への増加は腎臓を通じてグルコースを尿中に排出する。体液中の過剰な水分は「水中毒」を引き起こし［…略…］反対に水分の不足は血液容積の減少，粘度の増加，そして発熱を引き起こす［…略…］血液中のカルシウムの正常濃度は約 10 mg/dℓであるが，もしそれが半分の濃度に減少すれば，痙攣とひきつけがおそらく起こり，もしそれが2倍の濃度に上昇すれば，激しい変化が血液中で起こり，それは死をもたらすかも知れない［…略…］血液の水素イオン濃度（pH）は大体 pH 6.95 と pH 7.7 の間で変化し，約 6.95 より低い pH では血液が酸性になりすぎて昏睡と死の結果に至り［…略…］pH 7.7 以上ではそれはアルカリ性になりすぎてテタニーが起こる［…略…］」（Cannon, 1929）。

　2番目に，恒常性維持機能には，わたしたちの内部の体の環境の恒常性を維持す

るために使われる先天的な恒常性維持機構と後天的な恒常性維持機構がある。わたしたちは他の恒温動物と比べて比較的高機能な恒常性維持機構をもって生まれる複雑な有機体である。先天的な恒常性維持機能には，一般的に内部調節活性（例えば，体温の制御，尿生成の減少など），シグナル伝達活性（例えば，喉の渇きの感覚，痛みの感覚など），および他の本能的な動作（例えば，泣く，避ける，追いかけるなど）が含まれる。

　しかしながら，単に生まれながらの高機能な恒常性維持機構をもっているということだけでは，わたしたちのほとんどがすでに行っている自由で独立した生活を支えるのに，とても十分な状態であるとはいえない。自由で独立した生活を送るためには，人間は環境を調べ，そこから人間の生存を形作るものを得る高度な能力が必要とされる。例えば，もしある人が自由で独立した生活をするならば，その人は体内からの急速な水の損失を防ぐ高機能な機構をもっており，その人は体外の環境から水を探し，水を得る高度な能力もまた必要とされる。

　具体的にいえば，水を維持する高度な機構をもって生まれたならば，人は水源の近隣地区に限定された生活を送る必要はない。人は水源から遠く離れた場所を旅したり，そのような場所に住んだりすることができるであろう。しかしながら，水源から遠く離れた生活を送るのであれば，生存し続けるためには，人は，定期的な補充によって体内にある水の割合を比較的一定のレベルに常に維持することができるように，水源に帰ってくる方法あるいは新しい水源を見つけ出す方法を知っている必要がある。そうする過程で，結局，人は，水の存在によって直接的に引き起こされるのではない水を求める行為を起こすことができるように，人は水をめざす心的表象をもつことが要求される。「水」の表象に加えて，人は水を探し，手に入れる過程で避けようとしなければならないもの，例えば「砂漠」や「海水」などを導く表象や，水への到達に導くことができるようなもの，例えば「ダム」「井戸」「ココナッツ」「りんご」「木」「花」などを導く表象もまたもっていることが要求される。

　わたしたちがもっている先天的な恒常性維持機構と後天的な恒常性維持機構の両方のおかげで，わたしたちを取り囲む，不安定でときにはそれがひどくなる環境からの影響によってもあまり影響されることない生活を営むことができ，そうして他の動物種に比べてより自由で独立した生活を楽しむことができる。このように，わたしたちは両生類や爬虫類のような他の動物種とは異なるのである。

　カエルのような両生類や蛇のような爬虫類は，わたしたちのような自由で独立した生活を営んでいない。例えば，カエルは体から水の蒸発を防ぐ機構も体温を効果

的に制御する機構ももっていない。その結果，カエルは，簡単に乾燥してしまわないために自らが生まれた水域から遠く離れない生活を送らなければならず，生まれた水域の底の泥の中でほとんど動くことなく冬の間中すごさなければならない。蛇は，その体は水の急速な損失を防ぐ機構をもっているので，その動きを水域や水の流れている場所の近くに限定される必要はない。しかし，カエルと同じように，蛇も体温を効果的に制御する機構をもっていないため，冬の間はほとんど動かずにすごさなければならない。同じように，高機能な機構によって維持されていない動物種は外界を調べたり，あるものを得たりする高度な能力は要求されない。

第 3 節　実用的な必要性

　第 2 節で，ひとたび人間の体の機能の偏倚が極限に達すると人間は生存することができないという事実を説明する例をあげた。この事実は恒常性維持「手段」の妥当性を決めるのに重要な役割を演じる。簡単にいえば，人間が生存するためにはA，B，Cといったことをそれぞれ行うことによって生存条件を満たすことを維持するように働く恒常性維持「手段」がなければならない。ここで，「なければならない」というのはわたしたちの存在と恒常性維持「手段」との間の実際的に必要な関係を意味している。この節でみていくように，実際的に必要な関係という概念は，ひとつには「生存」という概念と，他方では「実際的な状況」というものによって定義される。恒常性維持「手段」の妥当性を本質的に決めるのは，実際的に必要な関係である。すなわち，ある種の特定の状況の下で生存を維持のために実際的に必要であるならば，ある恒常性維持「手段」の操作はある特定の生存条件を満たすことを維持するのに妥当である。まず，実際的必要性を定義する「生存」の部分から始めよう。

■ 3-1　生　　存

　人間の生存を可能にするそれぞれの条件を全て満たすことは，適切なある種の恒常性維持手段によって維持されている保障があり，その保障は基本的には生存に由来している。わたしたちが，体から急速に水が失われることを，単に体温を維持する働きのある機構をもつことだけでは防ぐことはできないのは明白である。というのは，温度維持機構の働きは体温を維持することであり，水分を維持することではないからである。さらに，わたしたちの生存は保つべき体内の温度の存在だけに依

存するのではなく，多くのものの中で，体の中の水分の適切な割合の存在にも依存
しているからである。継続的に生存を維持するためにはそれぞれの生存条件を満た
すことが維持されなければならず，また適切な種類の恒常性維持「手段」によって
正しく維持されなければならない。このように，体の中の水分の適切な割合を維持
するためには，わたしたちは水が体から急速に失われるのを防ぐために働く機構も，
水を得るために働く機構も備えておく必要がある。そして，わたしたちはそのよう
な正しく働く恒常性維持「手段」をもつ必要がある。わたしたちは，常に故障して
いたり，常に役割を果たせていなかったりして水分を正しく維持できないような水
分維持機構によって体を維持するわけにはいかない。同様に，体の水不足が生じて
いるときに，水の代わりに「重水」を得るように常に我々を導く誤った信念をもつ
わけにはいかない，その理由は単に体の欠乏を緩和することのできるのは「重水」
ではなくて水だけだからである。

　しかしながら，わたしたちが欠陥のある恒常性維持「手段」をもつわけにはいか
ないという主張から，わたしは，欠陥のある恒常性維持「手段」をたとえ一瞬でも
もつわけにはいかないことを言おうとしているのではない。もちろん，水を維持す
る機構は時折，傷つき，病気になり，損傷する。そして水を探すプロセスで，わた
したちは誤った信念をもったり，水でないものをめざす信念（例えば，冷蔵庫をめ
ざす信念）をもったりすることはよくみられる現象である。実際，わたしたちに，
生存は体の水の欠乏が起こった後，ただちに脅かされるということはあまり起こり
そうにない。体の状態の偏倚が起こり，その偏倚が極限に達する前までには常にあ
る程度の時間がある。そして，生存条件にも依存するが，この間はたとえ恒常性維
持「手段」が適切に機能していなくても生存はただちに脅かされないであろう。こ
のように水に対する信念は水の獲得につながらないかもしれず，水を維持する機構
が一時的に機能を停止するかもしれない。しかし，体の状態の偏倚と恒常性維持
「手段」との間の不確かな関係は，生存が生存条件の充足に必然的に依存している
という事実を変えることはできない。継続的に生存を維持するためには，体の状態
の偏倚が起きた後，偏倚がいつか極限に達することを防ぐために，適切な恒常性維
持「手段」を適用するしか選ぶ道は与えられていない。もし，水の維持機構がある
体の部分の損傷のために故障しているならば，それがあまり遅くならないうちにそ
の体の部分を治すか入れ代えるしか選ぶ道は与えられないであろう。同様に，人の
水に対する信念は，その形成過程で誤ってしまったものを永続的にめざすわけには
いかない。すなわち，遅かれ早かれ，悲劇的な結果に導かれるのを避けるために間

違った信念を正すか置き換えなければならない。これが，わたしが「生存は恒常性維持「手段」を保障する」という主張から意味することである。

　しかし，生存と，生存を維持するために作用する恒常性維持「手段」の働きとの関係は必然的なものではないので，わたしたちは，「適切な恒常性維持「手段」」に対する説明を，わたしたちの立脚する場所から，どのようにして確立できるのだろうか？

　わたしが思うに，この解決のコツは別の観点から生存をみることである。簡単にいえば，生存について以下のような 2 つの視点を考えてみよう。一つの方法は生存の肯定的な見方である。すなわち生存は，生存条件を全て満たすことによって成立しうるものである。肯定的な視点から，生存を恒常性維持「手段」の妥当性に結びつけることは一見困難である。生存は生存条件を全て満たすことからなり，したがって，ある特定の生存条件を満たすだけでは生存は構成されないので，わたしたちは，生存に関するこの観点からは，ある一つの生存条件を満たすことを維持するのに適切な特定の恒常性維持「手段」を，他の恒常性維持「手段」の中から選び出すことはできない。そして，同じ理由で，たとえわたしたちが生存を他の肯定的観点から，すなわち，生存は生存条件を個々に満たすことによって構成されるという観点からみたとしても，わたしたちは特定の恒常性維持手段を選び出すことはできない。したがって，生存を，肯定的観点から恒常性維持手段の適切さと結びつける方法はない。

　しかしながら，生存に対する肯定的な視点は，ある否定的な視点を意味する。すなわち，生存は生存条件のそれぞれを満たすことによって構成されるため，生存条件のどの一つでもひとたび満たされなくなると生存できなくなる。さて，生存に対する否定的視点からわかるように，生存とおのおの個別の生存条件の維持との間にはある関係がある。そして，この関係が恒常性維持「手段」の妥当性に対する理解への道を開く。すなわち，生存は，身体の偏倚のどの一つでもそれが極限に達すると破壊されるので，致命的な結末を防ぐ唯一の方法は，適切な恒常性「維持」を適用することによって，どの偏倚も狭い範囲内に保っておくことである。生存と適切な恒常性維持「手段」を結びつけるこの方法は，生存と恒常性維持「手段」の間に条件付きの必然的な関係があることを示唆する。すなわち，生存するためには，それぞれの生存条件を満たすことを維持するために適切な個別の恒常性維持「手段」が存在しなければならない。

　その条件付きの必然的な関係を利用して，適切な恒常性維持「手段」を，ある特

定の生存条件を満たすことを維持することによって生存を維持する恒常性維持「手段」として定義できる。こうしてわたしたちは以下のような「適切な恒常性維持「手段」」の定義をすることができる。

【定義1】　もし，恒常性維持「手段」（H）の操作によってのみ，ある特定の生存条件（S）を満たすことができるならば，その恒常性維持「手段」はその特定の生存条件を満たすために適当である。

　しかしながら，この定義だけではまだ満足できるものではない。ある適切な恒常性維持「手段」と，それに対応する維持されるであろう生存条件の間の関係は非常に曖昧である。それぞれの生存条件の充足は必然的に固有のものであることは疑いがない。したがって，それは適切に維持しなければならないが，しかし，その固有の充足は必ずしも固有の恒常性維持「手段」によって達成される必要はない。人間の生活を可能にする生存条件は多かれ少なかれ他の動物種の存在を可能にする生存条件と同じである。しかし，わたしたちの生存を維持するために使われる恒常性維持「手段」は他の動物のものとは大きく異なり，それはわたしたちが他の動物種と大きく異なる理由である。

　要点は他の動物の恒常性維持「手段」を調べることである。わたしたちはときどき，さまざまな恒常性維持「手段」を同一の種類の生存条件を維持するのに用いる。一方，わたしたちは，体の細胞と環境のある条件を満たしている場合には，ある固有の生存条件を満たすために好ましい恒常性維持「手段」を自由に使える。もし，りんごとバナナが同じ組合せの必須栄養素を含んでいるならば，わたしたちがりんごもしくはバナナを得ることを選んでも，少なくとも体のある栄養素の割合を維持するという観点からは，ほんとにどちらでもかまわないのである。生存条件を満たすことは体の中にある割合で栄養素が存在していることによって構成され，栄養素を含んでいるもので構成されるのではない。それに対して，ある状況下で恒常性維持「手段」を用いる場合には，わたしたちは限られた選択肢しかもたない。生存条件の維持は通常，さまざまな段階と種類の恒常性維持「手段」を含む過程である。生存条件の維持に適切な恒常性維持「手段」の全てが生存条件維持のそれぞれの段階で必要とされるのではなく，また生存条件維持のそれぞれの段階で必要とされるそれぞれの恒常性維持「手段」が生存条件の維持と全て直接的な関係があるのではない。

　ある特定の生存条件を何らかの方法で満たし続けるのに適切ないろいろな種類の恒常性維持「手段」が存在するので，「適切な恒常性維持「手段」」に対する満足する説明は単に適切な恒常性維持「手段」と不適切な恒常性維持「手段」の間の境界を示すだけでなく，もっと先へ進むことができるはずである。すなわち，それは，ある特定の生存条件を維持するのに適切であると何らかの方法でみなされたいろいろな種類の恒常性維持「手段」の中から，もっときめ細かな個別化をもたらすことができるはずである。そして，適切な恒常性維持「手段」の中できめ細かな個別化をもたらすことができることとは別に，適切な恒常性維持「手段」と適切でない恒常性維持「手段」の間にもっと明確な区別をつけることもできるはずである。

■ 3-2　実際的な状況

　わたしがこれまで展開してきた適切性の説明における不備は，わたしたちが実際上の必然性の2番目の部分，すなわち実際的状況の概念を考慮に入れるとき，また問題になってくる。

　恒常性維持「手段」（H）が，ある特定の生存条件（S）を維持するのに適切か否かを決める場合には，わたしたちは生存条件の状態を含み，生存条件に関連した実際的な状況の設定（すなわち，生存条件の状態は安定化されているか偏倚しているか，もし，偏倚しているなら，欠乏しているからなのか過剰であるからなのか）とある特定の生存条件の存在に関連した環境の要因（例えば，どのような身体にその生存条件は属しているのか，身体の周囲の条件はどのようになっているのか，など）に言及することを避けることはできない。たとえもし，恒常性維持「手段」（H）が特定の生存条件（S）を満たすことができても，もしそれが間違った場所で，間違った時に実行されたならば，それを特定の生存条件（S）を維持するために適切であるとみなすことはできない。例えば，水を維持する機構の働きは，もし例えば，（ⅰ）体の中の水が安定化された状態にある，もしくは（ⅱ）過剰な水によってひき起された偏倚状態である，あるいは（ⅲ）水がカエルの身体の中にあるなどであるならば，体の中の水を維持するために適切であるとみなすことはできない。水分量を維持する働きは，そのような状況下での維持に実際的に必要ではないので，それをこれらの種類の状況下での維持に適切であるとみなすことができないのである。しかし，もし生存条件に関係する状況が異なるならば，例えば，水が人間の体の中にあり，それが欠乏状況にあって，緊急の回復がその欠乏後に図られないとすると，水分量を維持する機構の働きは，そのような状況下での悲劇的な結末

を避けるために実際的に必要である。なぜならば，水分量を維持する機構の働き以外に体の中の水の割合が急速に極限まで減少することから防ぐことができないからである。言い換えれば，恒常性維持「手段」（H）が特定の生存条件（S）に対して適切であるとみなされるためには，その働きはある特定の生存条件を維持することが要求される実際的な状況の設定（P）にも適用できなければならない。

　実際的な状況について考えることで，わたしたちに，特定の生存条件（S）を維持するためにいろいろな点で適切であるとみなされた全ての種類の恒常性維持「手段」の中のきめ細かな特性を描写する根拠がそろう。恒常性維持「手段」は適切な状況下でのみ適切に使用されうるので，人間の生存を維持するために人間によって使われる恒常性維持「手段」は人間が生存可能である生活様式を規定する。そして，人間の生存を維持するのに使われる恒常性維持「手段」が人間の生存できる生活様式を規定するので，わたしたちは，自分たちが生存できる生活様式に従ってこの生存を維持するために使われる恒常性維持「手段」を細分化することができる。

　このことを明確にするために，わたしたちが生存できる生活様式を考えてみよう。手短にいえば，わたしたちは，他の多くの動物種よりもより独立性が高く，より移動性の高い自由で独立した生活様式を送ることができるであろう。他の多くの動物種より，四季を通じて活動的でいることが可能で，長い期間食料と水がなくても生き続けることができる。わたしたちがそのように自由で独立した生活様式を送ることができる理由は，わたしたちがそのような生活様式をとることを可能にするある一組の恒常性維持「手段」をもっているからである。わたしたちが多くの他の動物種ができない生活様式をとることができるので，わたしたちの生存を維持するために使われている恒常性維持「手段」は，他の動物種の生存を維持するために使われる恒常性維持「手段」とは異なっている。実際，多くの他の動物種はわたしたちの生活様式をとることができない。なぜならば，彼らはそのような生活様式に適用できる恒常性維持「手段」をもっていないからである。カエルはロンドンから東京まで旅をすることができない，なぜならカエルはそれを可能にするような恒常性維持機構をもっていないからである。そして，カエルは水道の蛇口が何であるか知らないし，どのように蛇口を開けたらよいか知らないので，蛇口から水を得ることはできない。同様にもし，ある病気の人が病床で体から失われる水の割合を連続的に検知し，体から失われる水の割合に従ってただちに正確に補充することができるような高性能な水分維持装置によって水を供給する無限の水源とつながれているならば，その人は自然の水を維持する機構をもつことなしに生存することができるであろう。

しかし，その人は，カエルのように，わたしたちのほとんどがもっている自由で独立した生活様式で生きることができない。彼の体はわたしたちと同じ設定の生存条件から成り立っているが，彼の生存を維持するために使う恒常性維持「装置」はわたしたちのほとんどが使う恒常性維持「手段」とは大きく異なっている。そして，その違いはわたしたちがそれぞれすごしている実際的な生活様式に反映される。実際的状況についての言及をして「適切な恒常性維持手段」の説明を行った以上は，わたしたちは，定義1で行った「適切な恒常性維持手段」の定義を次のように改めることにしよう。

> **【定義2】**恒常性維持手段（H）は以下の条件を満たすときだけ，ある特定の生存条件（S）を維持するのに適切である。
> （Ⅰ）恒常性維持手段（H）の働きがある特定の生存条件（S）を充足させるために起こる。
> （Ⅱ）恒常性維持手段（H）の働きがある特定の生存条件を維持すること（S）が要求されるような実際的な状況（P）に対して適用可能である。
> （Ⅲ）恒常性維持手段（H）の働きがある特定の生存条件を維持することが要求されるような実際的な状況（P）において特定の生存条件（S）を満たし続けるために実際的に必要である。

　しかし，定義2はまだ完全に満足できる定義ではない。というのは，実際的な状況という概念が明確に特定されていないからである。疑いなく，わたしたちは実際的な状況によって課せられた「実際的な必要性」を通じて「適切な恒常性維持「手段」」の定義を洗練させることができる。しかし，実際的な状況では，さまざまな種類の恒常性維持「手段」が伴われる可能性がある。すなわち，ある特定の生存条件を維持することが要求されるような実際的な状況（P）において特定の生存条件（S）を満たし続けるために実際的に必要であるいろいろな種類の恒常性維持「手段」がありえる。その中にはある特定の生存条件を維持することが要求されるような実際的な状況（P）において特定の生存条件を満たし続けるために直接的に適切なものと間接的に適切なものとが含まれる。ある特定の生存条件を維持することが要求されるような実際的な状況（P）において特定の生存条件（S）を満たし続けるのに実質的に必要な全ての恒常性維持「手段」の中で，何らかの原則に基づいた区別なしには，適切な恒常性維持「手段」と不適切な恒常性維持「手段」との間の

区別はできない。すなわち，十分に満足するように定義するためには，ある特定の生存条件を維持することが要求されるような実際的な状況（P）において，特定の生存条件（S）を満たし続けるために実際的に必要な全ての恒常性維持「手段」の中で，ある特定の生存条件を維持することが要求されるような実際的な状況（P）において特定の生存条件（S）を満たしつづけるために直接的に適切な恒常性維持「手段」とそうでない恒常性維持「手段」の，原則に基づいた区別を描けなければならない。このことを理解するために，ある特定の生存条件—人間の体において栄養物がある一定の割合で存在すること—を維持することを考えてみよう。簡単にするために，この特定の生存条件を維持することを N-maintenance（栄養維持）と呼ぶことにする。

　N-maintenance のために実際的に必要である働きをもつ恒常性維持「手段」のどれもが N-maintenance のために直接的に適切であるというわけではない。例えば，N-maintenance は通常いろいろな種類の過程を必要とするが，その中には必要な栄養物を探し，手に入れる過程がおそらく含まれるであろう。これらの過程は，明確に限定された集合としての活動を必要とする明確に限定された集合としての過程であるとは，とてもいえない。そして，栄養物を探し出し，手に入れるまでの全ての過程が N-maintenance に対して適切であるか否かを決めるためには，その過程に含まれる全ての活動集合を考慮していかなければならないかもしれない。探し出し，手に入れる過程では，通常，近辺の環境を調査し，食物とみなされるものを探して手に入れることが要求される。ありきたりの状況下では，人はレストランに行くか，商店に行く（そのような場合，その人は食物に支払うためにお金を使う必要がある）ことによって食物を手に入れるかもしれない。特別な状況下では，人は武器を用いてでも食物を手に入れなければならないかもしれないし，その他もろもろ枚挙にいとまがないほどいろいろな手段があるだろう。しかしながら，わたしたちに要求される栄養物を何らかの形で得るためには，いろいろな種類の恒常性維持「手段」を採用することが実際的に必要であるのだが，それらを採用することは，栄養物が要求される特定の実際的状況（SP-N）のもとで要求された栄養物を得る場合にだけ必要であり，栄養物が要求される一般的な実際的状況（GP-N）では必要ではない。したがって，N-maintenance に対する不適切さとそれらの適切さは GP-N の場合ではなく，SP-N においてだけ定義されうる。

　食物とみなされる物には多くの種類があり，野菜，肉，果物などが含まれる，しかしそれらのどれもそれを得ることが体の栄養素を維持するために絶対的に必要不

可欠というわけではない。パンとココナッツが同じ組成の必要栄養素をもっている限り，パンもしくはココナッツを得ることはどちらも N-maintenance に等しい貢献をする。そして人がパンもしくはココナッツのどちらを選択するかは，それを得る過程でたまたまもっていた特定の心理的状態（個人的好み，信念，知識など）と偶然おかれた特定の環境の利用可能性とに主として左右される。人はパンを得ることによってもココナッツを得ることによっても N-maintenance を維持することができるので，パンを得ることもココナッツを得ることもどの設定の SP-N の中でも N-maintenance に対して実際的に必要ではない。

　たとえ，パンを得るこれらの活動の実行が，あるいくつかの SP-N 集合の中で N-maintenance のために実際的に必要であっても，それらはその状況のもとで N-maintenance のために適切であると真にみなすことはできない。それには以下の 2 つの理由がある。

　第一に，特定の実際的状況が適切さを決定する客観的基準ではありえないという理由から，わたしたちは特定の実際的状況を恒常性維持「手段」の適切さを決定する一つの基準として使うことはできない。パンを入手する活動を生じさせる SP-N の集合は確かに時により変化し，その SP-N の集合がパンを入手する活動を生じさせるか否かはその人が実際にその SP-N の集合の中にいない限り決して知ることができないということになる。

　第二にその SP-N の集合におけるパンを入手する活動およびそれに類するものの実行は，同じ集合の SP-N における他の恒常性維持「手段」に依存し，したがって，パンを入手する活動およびそれと似たような活動は SP-N においてさえ，N-maintenance に対する適切性は，間接的であるにすぎない。手短にいえば，パンを得ること（パンを買ったり，パンを食べたりすることなど）を目的としたときに常に実行される意図的な活動が，人は，他のいろいろな信念がある中で，パンを得ることが要求されているという優先的な信念をもつことなしに始められることは決してない。人は，他のいろいろな信念があるなかで，パンに対する優先的な信念（例えば，パンは食べ物であるという信念など）や，全体の栄養獲得活動を開始する第一の命題態度（これは栄養物が要求されているという信念であるとわたしは思うが）をもたない限りパンが必要だという信念を決してもつことはない。

　実際，パンを食べるというパン獲得活動は，身体の栄養の維持に対して直接の因果効果をもたらすが，それらは身体の栄養の欠乏状態の発生に引き続いて直接的に行われたものではない。それらは，パンを食べるという行為から栄養物を得る活動

全体を開始する第一の命題態度までにわたる恒常性維持「手段」の中で，いくつか
の中間段階の恒常性維持「手段」が存在したために行われた。体の栄養の欠乏の発
生とパンを食べる活動の働きを結ぶ中間段階の恒常性維持「手段」がなければ，パ
ンを食べる活動は決して実行されないであろう。他の言葉でいえば，中間段階の恒
常性維持「手段」がある限りはパンを食べる活動は SP-N における N-mainte-
nance に対してだけ適切である。それらは SP-N における N-maintenance に対し
て直接的に適切ではない。

　これまで行った解析からは，栄養素が必要であるといった実際的な状況での
N-maintenance のための適切な恒常性維持「手段」を同定するためには，パンを
得る活動やそれに類するものを不適切なものとみなさなければならないことが示唆
されている。なぜなら，それらはどのような意味においても維持のためには直接的
に適切ではないからである。わたしたちは，恒常性維持のための直接的に適切な恒
常性維持「手段」を探さなければならない。しかし，どこにそのような恒常性維持
「手段」を見つけることができるだろうか。

　一つのヒントがこれまでの解析によって得られている。すなわち，身体の状態の
偏倚の発生と恒常性維持に対して間接的に効果的である恒常性維持「手段」に結び
ついている中間段階の恒常性維持「手段」を検討すべきである。すでに述べたよう
に，もしわたしたちがパンを食べる活動に先駆けて生じる全ての活動を細かく調べ
れば，最終的には栄養を得る活動の全ての集合を開始する第一の命題態度，すなわ
ち栄養が必要であるという信念に到達するであろう。わたしは，第一の命題態度は
栄養が要求されるという実際的な状況における N-maintenance に対して直接的に
適切な恒常性維持「手段」であると考える。なぜならば，それは SP-N における
N-maintenance のみならず，GP-N における N-maintenance にも実際的に必要だ
からである。この意味を理解するために，まず無意識に実行される恒常性維持「手
段」を考えよう。

　大まかにいえば，いろいろな種類の実際的状況の下での特定の生存条件（S）を
満たすために実際的に必要な全ての種類の恒常性維持「手段」の中には，意識的に
実行される恒常性維持「手段」と無意識に実行される恒常性維持「手段」がある。
これまでに述べたパンを得る活動は，意識的に実行される典型的な恒常性維持「手
段」である。それらの働きにはたくさんの条件がつき，予測が不可能であるという
意味で，意識的である。すでに考察したように，パンを得る活動は，栄養が要求さ
れる実際的な状況の集合の中で一般的に，一意的に実行されるのではない。それゆ

え，わたしたちはその人の生物学的，心理学的背景，その人の周りの状況，および
その間の特殊で変化しやすい周囲の条件に注意を向けない限り，その人がパンを得
る活動を実行するのか否か，何のためにそれらを実行するつもりなのかをほとんど
知ることはできない。その反対に，無意識の恒常性維持「手段」とは，その働きを
非常によく予測できる生得的な恒常性維持機構である。例えば健康である限り，そ
れらは，各々が担当する身体の状態の偏倚がいったん検知されれば，自動的に働く
であろう。例えば，わたしたちの身体の健康な水を維持する機構は，いったん身体
の中の水の欠乏を検知したら，その欠乏が生じている間，いかなる場所や時間でも，
その人がその人の体の水が不足していることを信じていてもいなくても，自動的に
実行される。明らかにここで，「自動的」とは，水を維持する機構の働きと体の中
の水の欠乏を検知することの間の直接の関係を意味する。すなわち，もし，両者間
に直接的な関係がないとするなら，前者の働きはどのようにして後者による検知の
あと自動的に生じるのであろうか。しかし，それ以上に重要な点は，その関係を取
り囲む限定的ではあるが変化しうる周囲の条件に鈍感であることを意味することで
ある。その人の身体に水分の欠乏があり，その人の体の中の水の維持機構が適切に
働いているかぎり，その人がどこにいても，何をしていたり，考えたりしていても，
水を維持する機構は自動的に作動するであろう。

　実際，無意識の恒常性維持「手段」を必要とする維持過程は，意識的な恒常性維
持「手段」を必要とする過程とは逆に，はっきりと限定された活動の集合を必要と
する限定された過程である。全体の水を維持する機構は，いくつかの活動の構成集
合（例えば，水が欠乏していることを視床下部に知らせるためにメッセージを送っ
たり，尿生成を減少させるための視床下部による ADH の放出をしたりすること）
に分解することができるが，水を維持する機構が作動することが要請されたときに
は，同一の活動が，全ていつでも適切に作動する。どのような状況で水を維持する
機構が作動することが要請されても，その働きはある特定の細かな状況には影響さ
れない。それを構成するどの活動も，その働きが要請されている特定の細かな状況
に応じて，取り替えられたり，修正されたりすることはない。水の維持が要請され
たとき，もしそれを構成する活動のどれか一つでも実行できなかったり，適切に実
行されなかったりした場合には水を維持する機構全体が崩壊する。

　無意識の恒常性維持「手段」は環境の変化に鈍感であるため，無意識の恒常性維
持「手段」の適切さと不適切さを判断するときに，特定の変化しやすい環境の条件
に注意を向ける必要はない。無意識の恒常性維持「手段」の適切さと不適切さは，

意識的な恒常性維持「手段」と比べて，むしろ直接的な方法で決めることができる。すなわち，ある無意識の恒常性維持「手段」は，もしそれが実際的な状況で維持することによって一般的に必要とされる条件に合致するのであれば，無意識の恒常性維持「手段」はその特定の状況で適切である。例えば，水の維持機構の働きは，水の維持機構が健全であり，水がわたしたちの身体にあり，わたしたちの身体の水が欠乏している限り，身体の水の維持に対しては適切である，そして，もしこの条件の一つでも満たされないならば，この機構は適切ではなくなるであろう。そして，適切さと不適切さを，他の無意識の恒常性維持「手段」も同様であるが，水の維持機構に帰属する場合，わたしたちはそれを構成する部分それぞれよりもむしろ全体の過程に帰属させよう。

さらに，無意識の恒常性維持「手段」は，一般的な環境条件によって決定されるので，もし無意識の恒常性維持「手段」が身体の水の維持に適切であるならば，それは水の維持が要求される全ての実際的な環境下での水の維持に適切である。したがって，もし，水を維持する機構の働きが，身体の水が欠乏している実際的な状況（言い換えれば，水の維持が要求されている）の下で人間の身体の水を維持するのに適切であれば，それらの環境のいくつかの集合の中には特定の細かな状況において異なることがあるかも知れないが，水が欠乏している身体のすべての実際的な状況での水の維持に対して適切である。

たしかに，ある人の水の維持機構に欠陥があるか損傷があるならば，身体の水の欠乏の発生があっても，水の維持を行うことができないか適切に行えないであろう。しかし，もしそのような不幸なケースが起こったならば，その人はもはや水が常に直接得られない状況下では自由で独立した生活様式をもはやとることはできないであろう。その人は，生存するために，水源がそばにある地域に行動範囲が限定されるであろう。このように，人の身体の水の欠乏の後，即座の欠乏の回復が常に起こらないような生活様式において，生存を維持するためには，他のどのようなものよりも，人の身体の中の水を効果的に維持することができる健全な水の維持機構をもつことが必要である。水を維持する機構の働きは，いわば，わたしたちが用いている生活様式において，身体の中に水を維持するために実際的に必要なのである。

さて，無意識の恒常性維持「手段」を研究したので，わたしたちは，いよいよすでに述べた第一の命題態度を理解することを試みよう。第2節で述べたように，わたしたちが自由で独立した生活様式をとるためには，身体を構成する生存条件を自動的に維持することを実行できる高機能な機構だけでなく，外界から，わたしたち

がこれらの生存条件を構成するものと活動力を手に入れられるように，常に確実に導いてくれるような，目的物を識別して一貫した行為を実行する高機能な能力をもたなければならない。例えば，ある人が，必要な栄養が直接手の届く範囲に常にはないような環境で生きるためには，体の栄養の欠乏が生じた後でもいくらかの期間生きて健康でいられるように，栄養が急速に失われることを防ぐことのできる栄養維持機構をもつことが必要である。しかし，維持機構だけでは長期間生存条件を満たすためには十分ではない。体の欠乏が生じた後，遅かれ早かれ，失われた栄養を回復させるための行為を実行しなければならないであろう。そして，そのような場合，その人は，食べ物でないものを同定することと食べ物とみなすことができるものを環境中で同定する方法と，それらのある場所を定めて手に入れる方法とを知っていることが必要で，またそれらを得るために道具を使う方法，障害物に打ち勝つ方法，危険な状況を避ける方法などもまた知っていなければならないだろう。しかしながら，そのような高度な行為を実行する前に，その人は栄養が要求されていると信じることが必要である。栄養獲得に導く主要な恒常性維持「手段」であるそのような信念なしには，わたしたちがこれらの高度な行為をどのように生み出すことができるかを理解する合理的な根拠はないであろう。

　典型的な人間の生活様式の中で，必要な栄養を得る過程中で実行されるわたしたちの行為は，識別と持続という特徴をもつ。行為がいかに多様な形で行われようとも，何らかの形でそれらはすべて必要とされる栄養を得るという方向を向いているという意味で，目的物の識別が可能である。そして，目的物を識別した結果，それらが死によって中断されない限り，要求される栄養を得るまで，その行為は何らかの形で持続的に実行されるであろう。確かに，それぞれの状況の下で要求された栄養を得るためにわたしたち各々がいかにして正確にその行為を実施するであろうことを知ることは困難であり，個々の状況下で実行されたそれぞれの行為のいずれの集合からも，各々が期待しているものが得られるという保証はない。しかし，いかに異常で予測不能な状況が現れようとも，わたしたちは自分が獲得することが必要なものを得ることから方向変換することは基本的にはできない。確かに，わたしたちはしばしばそれぞれの状況の特定の細部に従って行為を調整するが，わたしたちの行為は状況の特定の細部によって完全に決定づけられることはない。そうなると，わたしたちは状況にとらわれてしまって，そこから決して逃れることはできないであろう。わたしたちは，どこにいても，何に出会っても，獲得することが必要なものを常に知ることができる。この安定した信念システムのおかげで，異常な予測不

能な状況の下でたまたま出くわすいろいろなものがたとえどんなものであっても，わたしたちは，食べ物を，食べ物でないものから常に見分けることができる。確かに，わたしたちは，必要な栄養を得る過程の中で，たびたび取り違えや計算間違いなどの失敗をおかす。しかし，わたしたちは，間違いや失敗が続けば，長くは生きることはできない。どの生存条件を満たすことが維持できなくなっても，死は避けられない。この事実は，栄養が必要であるという一貫した信念を通じて，間違いを正すこと，困難に打ち勝つこと要求された栄養が得られるまで何らかの方法で探し，獲得する活動を実行し続けることを我々に強いる。

　明らかに，要求された栄養を得るために実行される活動の全てが，栄養が必要であるという信念に基づいてはいない（逆に，信念があるからといって，要求された栄養を得るどのような行為が起こる必然性もない）。例えば，パンを食べるという活動は，栄養が必要であるという信念に基づいて実行されはしない（実際，それらはパンが必要とされているという信念に基づいて実行される必要はない）。パンを食べるというこのような活動を人間に引き起こさせることのできる多くの理由によって，人は，たまたまあるいは純粋に好奇心によってもパンを食べる活動を実行することができる。しかしながら，偶然や好奇心に基づいてパンを食べる活動は事実それ自体ランダムであり，稀な活動である。そして，わたしたちは，複雑な人間の生活様式における信頼できる不断の生存条件の維持はもちろんのこと，そのような不断の生存条件の維持を実現するために，ランダムで稀な活動に頼ることはできない。パンが直接届く範囲に常にはなくても，それを得ることが生存に必要であるような人間の生活様式において，生存し，生存し続けるためには，人間は，信頼ができ，常に人をパンの獲得に導く識別可能で持続的な活動を実行することのできる高機能能力をもつことが要求される。そして，信頼ができ，確実に人をパンの獲得に導く，識別可能で持続的な活動を実行することのできる高機能な能力を人がもつためには，その人は，他のものを獲得する活動とパンを得る活動の実行に先立って，およびその活動の間ずっと，栄養が必要だと信じることができることを要求される。そのような識別可能で持続的な活動を生み出すのには，偶然や好奇心といったようなものでは十分でない。

　栄養が必要であるという信念（Belief that Nutrition is required），すなわち省略して B-N，は，全ての種類の実際的な状況下における N-maintenance に対して実際的に必要な全ての種類の恒常性維持「手段」の中で，基本的な恒常性維持「手段」であるので，SP-N における N-maintenance に対して実際的に必要なだけで

はなく，GP-N においてもまた必要である。言い換えれば，無意識の恒常性維持「手段」の働きと同じように，B-N の働きは人間としての生活様式をとっている人間の身体の N-maintenance に対して実際的に必要である。

　しかしながら，B-N の働きは GP-N における N-maintenance に対して実際的に必要であるけれども，わたしたちはまだ，B-N の働きが維持のために直接的に適切であるというのに十分な根拠をもっていない。水を維持する機構の働きが人間の身体の水を保持するために直接的に適切であるというのと同じ意味では，B-N の働きは人間の身体を構成する栄養を得るために直接的に適切であるとはいえない。人間の身体の水は，水を維持する機構の働きだけによって維持されうる。しかし必要となった栄養は B-N の働きだけでは得られない。B-N 以外の要因によって，人は SP-N のある集合の下ではパンを食べる活動を実行することを必要とするかも知れないし，また別の集合下ではココナッツを食べる活動をすることを必要とするかも知れない（意識的な恒常性維持「手段」の働きを必要とする維持過程は限定された活動の集合を必要とする限定された過程では決してありえないことを思い出してほしい）。さて，わたしたちは，B-N の働き自体は，パンを食べる活動やそれと同等な活動とは異なっていることを知っており，前者が GP-N における N-maintenance に対して実際的に必要であるが，後者は SP-N における N-maintenance に対して実際的に必要である。しかし，その違いがどれほど正確に何らかの原則に基づいていて，「前者は実際的な状況での生存条件の維持に直接的に適切であり，後者はそうでない」ということをわたしたちが言うことを可能にしてくれるであろうか。さらに，水の維持機構のような無意識の恒常性維持「手段」とは異なり，B-N のような命題の態度は，通常複数の機能をもっている。水を維持する機構は，わたしたちの身体の水の維持のために使われることだけを求められている。したがって，身体の水の欠乏が存在する間だけ働くべきである。しかし，B-N のような命題態度の働きはそれほど厳密に制約されていない。たとえ，この作動によって身体の栄養の欠乏がすでになくなってしまっていても，作動してしまうかもしれない。実際，わたしたちは，通常どこででもいつでも何かを望んだり，信じたりすることは自由である。しかし信じたり，望んだりすることだけでは，否定的な結末をもたらすことはほとんどないであろう。B-N が通常複数の機能をもっている以上，GP-N の状況下で生存条件を満たすことを維持するためにそれが直接使われるということを，わたしたちは，どのような原則でもって言うことができるのだろうか。

　わたしが思うに，これらの質問に対する答えは，第一の恒常性維持「手段」とそ

れ以外の恒常性維持「手段」との間の非対称な因果的従属性である。簡単にいえば，B-N の働きとパンを食べる活動は，SP-N の集合の中で生存条件を満たすのに必要不可欠であるが，それにもかかわらず，その２つの間には違いがある。すなわち，SP-N の集合の中では，後者の働きは前者の働きに依存しているはずであるが，前者の働きは後者の働きに依存している必要はない。言い換えれば，パンを食べる活動やそれに類するものは，B-N の働きに非対称に依存しているのである。

　すでにわたしは，パンを食べる活動を必要とする SP-N の集合の中で，パンを食べる活動の働きが B-N の働きに依存しなければならない理由を述べた。反対に，B-N はいろいろな種類の SP-N の集合における生存条件の維持に必要な他の全ての恒常性維持「手段」に先立って働くので（これが B-N が第一の恒常性維持「手段」である理由である），事実それ自体によって，B-N の働きはどのような SP-N の集合におけるどのような恒常性維持「手段」にも依存することはない。無意識の恒常性維持「手段」と同じような意味で，B-N の働きはどのような SP-N の集合における，他のどのような恒常性維持「手段」にも鈍感である。人間は，栄養が必要であるとただ信じるだけでは，必要な栄養を得ることができないことは疑いない。しかしながら，人間の生活様式に関する限り，B-N の働きの後にパンを探したり，パンを食べたりする活動が続かないような SP-N の集合は多々ありえるが，B-N の働きを事前に伴わずに，パンを探したり，パンを食べたりする活動が起こるような SP-N の集合はほとんどありえない（すなわち，パンを探したり，パンを食べたりする活動の操作が必要な SP-N の集合の中でこれらの活動を行うためには，人は前もって何のためにこれらの活動が働くのかを知っていることが要求される）。したがって，B-N の働きを求める要求は，SP-N の集合の下でのパンを食べる活動や，それに類する活動よりももっと基本的なものである。そして SP-N の集合の下でのパンを食べる活動や，それに類する活動の働きは B-N の働きを前提としているが，その逆はない。言い換えれば，SP-N の集合の中での B-N の働きは，パンを食べる活動やそれに類する活動の働きよりももっと基本的なものである。このように，B-N の働きも，パンを食べる活動も，SP-N の集合の下で生存条件を維持するために実際的に必要であるけれども，B-N の働きだけが生存条件の維持のために直接的に適切である。なぜならば，それが，必要な栄養を得ることに結びつく他のどんな恒常性維持「手段」の働きはもちろん，パンを食べる活動の働きよりも生存条件の維持に対してより基本的であり，より広く要求されるからである。

　P における S の維持に実際的に必要な恒常性を維持する手段の中から「ある原則

に基づいた区別」を引き出したので，わたしたちはここで「適切な恒常性維持「手段」」のわたしたちの定義に決着をつけることができる。

【定義3】 ある恒常性維持手段（H）はもし，以下の条件を満たすならば，ある特定の生存条件（S）を維持するために適切である。
（Ⅰ）Hの働きはSを達成するために生じる。
（Ⅱ）Hの働きはPと互換性がある。ここで，Pとはある特定のSを維持することが要求されるある種の実際的な状況である。
（Ⅲ）Hの働きはPにおけるSの達成を維持するために実際的に必要である。
（Ⅳ）Hの働きはPにおけるSの達成を維持するために直接的に要求される。

第4節　結　　論

　この論文でわたしはなぜ心的表象が人間の生存に必要であるか，すなわち，心的表象の働きが典型的な人間の生き方における生存条件の維持に実際的に必要であることを議論した。しかしながら，紙幅が限られているので，心的表象の理論が直面する問題点と恒常性（ホメオスタシス）の考え方によって，これらの問題の解決がいかに促進されるかについて説明することはしなかった。さらに，恒常性維持の理論と進化論との間の原理に基づいた違いを描く紙面の余裕もなかった。これらは，すべて次の論文の主要な仕事となるであろう。

【引用文献】
Cannon, W. B. (1929). Organization for physiological homeostasis. In L. L. Langley (Ed.) (1973). *Homeostasis: Origins of the concept* (pp. 252-254). Stroudsberg, PA: Dowden, Hutchinson & Ross.

02 自己卑下・自己高揚
文化における適応課題解決の戦略

山　祐嗣

　本章は，健康的存在に対する唯一の心理学からのアプローチである。心理学においては，精神的健康とは，たいへん捉えにくくかつ定義しにくい概念であり，すべてを論じようとすれば1章に収めることが不可能である。とりあえずこの章では，これを，文化的適応の結果あるいはその指標として捉えてみよう。一つのアプローチとして，自尊心（self-esteem）からのものがある。概して，自尊心が高ければ主観的幸福感も高く，精神的健康も良好であるといわれている。したがって，自尊心を高めることは精神的健康への王道の一つと考えられている。一方で，比較文化的研究によれば，西洋人は，日本人を含めた東洋人に比べて，自尊心が高くかつ幸福感も高いということが示されている。さらに，多くの比較研究において，西洋人は，自分が実際よりも優れているとする自己高揚（self-enhancement）を示すのに対して，東洋人は，実際よりも劣っていると考える自己卑下（self-critic）を示すということが主張されてきた。自己高揚は，自尊心を高めるためと解釈され，また，自己卑下は東洋人の自尊心の低さの要因の1つと考えられてきた。しかし，私はこの説明に満足していない。本章では，文化を，何らかの適応課題を解決するために生み出されたものとする見方をとり，自己高揚と自己卑下をこの枠組みで説明し，精神的健康とのかかわりを論じたい。

第1節　成功と失敗の因果帰属と自己評価

　因果帰属（causal attribution）とは，さまざまな事象や，ある人間の行動の原因を推論する過程である。例えば，Xという人物が殺人を犯してしまったとき，「X

は凶暴だから」というように，Xの性質に帰属する場合もあれば，「Xは被害者にいじめられていた」として，被害者の落ち度に帰属する場合もあるだろう。因果帰属は，特定の事象が生起するのはなぜかという心理的な理論・仮説を構成してくれ，そのような事象を予測したり，あるいはそれに対処したりするヒントを与えてくれるので，たいへん適応的な機能であるといえる。社会心理学の領域でしばしば行われてきた研究の1つに，人間が自分の成功や失敗を何に帰属するかというものがある。例えば，もしあなたが試験の成績が良かった場合，この原因を何に帰属するだろうか。あるいは，悪かった場合はどうだろうか。悪かったような場合，自分の努力不足に帰属すれば，次の試験からはもうすこし努力しようということになるかもしれない。

　一般に，西洋人は，成功を自分の能力や努力に帰属し，失敗を運の悪さに帰属するという傾向がある。ラタネ（Latané, 1966）は，この理由は，成功の場合に自分の自尊心を高めたり，あるいは失敗による自尊心の低下を防いだりするためであるとし，これを自己高揚と呼んだ。すなわち，自己高揚は，自尊心を高める，あるいは維持する動機の結果であると解釈されるわけである。なお，ここでは，自尊心を，社会における自己の社会的価値に関する信念と定義しよう。

　この傾向は，文化的に普遍であり，人間の基本的な機能の1つであると考えられてきた。ところが，多くの比較文化的な研究によって，日本人は逆の傾向を示すことが明らかになってきた（e.g. Heine et al., 1999）。むしろ日本人は，成功を幸運に帰属し，失敗を自らの能力や努力不足に帰属しがちなのである。

　似たような文化差が，自己や他者の評価においてもみられている。例えば，小論文を書くようなある課題が与えられて，その課題を与えられた人全体の平均値と自分自身の得点を推定するよう求められたとき，西洋人は自分自身の得点が平均値よりも高いと推定しがちでありことが示されている。もちろんすべての西洋人が自分の得点が平均よりも上回っていると判断するわけではなく，自分自身による推定得点の全平均と，推定平均値の全平均を比較すると，前者のほうが高くなるのである。もし，全員が正確に自分の得点を推定できれば，2つの平均値は同じになるはずである。これも，自己高揚バイアスと呼ばれていて，人々の自尊心を高く保つために機能していると考えられている。自尊心を高く保つことは，人間の普遍的な特徴と考えられていたが，やはりこの自己評価についても東洋人は逆の傾向を示した（Heine & Lehman, 1995）。日本人を含む東洋人は，自分の得点を，集団全体の平均得点よりも低いと判断しがちであることが多くの研究で示されている（例えば，

唐澤, 2001)。さらに，この傾向は，他人に対して謙遜を示すために生じるのではないと考えられている。なぜならば，東洋人は，観察者が見ていないような状況でも，自分を低く評価するからである。

第 2 節　個人主義文化における自己高揚と集団主義文化における自己卑下

　因果帰属と自己評価の文化差，とくに，西洋人の自己高揚と東洋人の自己卑下は，しばしば西洋における個人主義文化と東洋における集団主義文化の反映として説明される。この個人主義文化，集団主義文化という区分は，東洋人が西洋人に比較して，社会性と相互依存を好み，内集団（自分が属している集団）を外集団（自分が属していない集団）よりも強くひいきする傾向があり，他者の要求や好みを推定することがより奨励されているというこれまでの観察結果を説明するために提唱された仮定的な概念である。トリアンディス（Triandis, 1995）によれば，個人主義とは，自分人身を，家族，同僚，部族，国家などの集団から独立したものとみなす，比較的結びつきの弱い人々による社会的なパターンと定義される。この文化では，人々は，自分自身の好み，要求，権利によって動機づけられ，集団よりも個人の目標を優先する，したがって，他者とのかかわりは，かかわることが有利か不利かという合理的な分析に従って行われる。一方，集団主義とは，自分自身を集団の一部とみなす，比較的結びつきの強い人々による社会的なパターンと定義される。この文化では，個人主義とは逆に，集団の規範や義務に動機づけられ，個人よりも集団の目標が優先される。

　もちろんこの集団主義，個人主義という区分は必ずしも無批判で受け入れられているわけではない（高野・纓坂，1997；高野，2008）。これらの区分が実証的な裏づけなく，逸話的なエピソードをもとに作られているという側面もある。また，例えば，日本人では，箸や食器は家族内で使用者が決まっているが，西洋での食器やナイフはそうではない。これは，日本人が西洋人よりも集団主義的であるという仮定と矛盾してはいないだろうか。

　一方，人々が自己をどのように理解しているかという自己観の西洋人と東洋人との差異について，マーカスと北山（Markus & Kitayama, 1991）は，個人主義文化，集団主義文化の反映として説明している。彼らは，概して西洋人は独立的な自己を有しており，一方，東洋人は相互依存的な自己をもっていると主張している。この

区別によって，人々がどのようにして自己を認識するかが記述される。彼らによれば，西洋人は，自分自身を，個人主義的であり，世界の中の中心であり，そして社会から切り離されていると認識している。一方，東洋人は，自分自身を，集団主義的であり，社会を中心とするその一部であり，他者や社会と関係づけられたものとして認識しがちである。さらに，北山（1998）は，自己高揚と自己卑下が，文化と切り離すことができないこの自己観と密接に結びついていることを主張している。彼によれば，西洋人の選択的な注意は，自己の肯定的な側面にチューニングされている。なぜならば，彼らは，自分たちの自尊心を高めることに動機づけられているからである。一方，日本人を含む東洋人の選択的注意は，自己の否定的な側面にチューニングされている。この理由は，彼らは，自分たちの社会が期待する人物になれるように，そして集団主義的文化における内集団調和を乱さないように，自分自身の短所を矯正していくことに動機づけられているからである。

第3節　文化と精神の相互作用的アプローチ

　表2-1は，文化と精神の関係ついて，3種のアプローチを示している。伝統的な心理学や哲学によれば，人間の精神は文化的に普遍であるとみなされている。例えば，心理学の諸学派の1つである行動主義（behaviorism）では，主観性を排除す

表2-1　文化と精神の関係についての3種のアプローチ

（a）文化差についての伝統的アプローチ		
文化特有刺激 　　　　　→	精神の機能と構造 （文化的普遍） 　　　　→	文化特有行動
（b）文化・精神相互作用（文化心理学）		
（精神の形成）		
文　化 　　　　⇐⇒		精神の機能と構造
（文化の形成）		
（c）適応課題を媒介させた文化・精神相互作用（Yama, Nishioka, Horishita, Kawasaki, & Taniguchi, 2007）		
文　化 　　⇐⇒	（適応課題）　　⇐⇒	精神の機能と構造

るために，観察可能な，出力（反応・行動）と入力（刺激）のみが研究対象であり，前者を後者の関数と考えている。この見方を適用すれば，文化特有の行動は，文化特有の刺激に対する反応であって，刺激と反応を媒介する精神の機能と構造は文化的には普遍であると想定される（ただし，過激な行動主義では，媒介する精神そのものも仮定しないのであるが）。この関係は，表2-1の（ａ）に示される。

　しかし，文化心理学（cultural psychology）では，（ｂ）のように，文化と精神は相互作用的に形成されてきたとするアプローチをとっている。なお，文化心理学とは，単に文化を扱うという心理学の一領域ではなく，一学派であり，文化と精神は互いに切り離すことができないとする立場をとっている。そして，従来の比較文化心理学（これは「文化心理学」とは異なる）が，（ａ）のアプローチをそのまま踏襲していると批判し，人間の精神は各文化において固有の適応の仕方をすると主張している。2節で説明した，自己高揚と自己卑下が各々の文化と密接に関係しているという北山（1998）の考え方は，この代表的なアプローチの一つといえる。

　わたしは，この考えをたいへんおもしろいと思うが，精神と文化の不可分性があまり強く強調されると，必ずしも賛同できない。そこで，わたしたち（Yama et al., 2007）は，（Ｃ）のように，文化と精神の間に，適応課題（adaptive problem）を介在させたアプローチを提唱する。適応課題とは，もともと進化心理学で使用されてきた概念で，ある環境で生存していくために解決しなければならない課題である。進化心理学とは，生物の進化についての研究成果・理論を，生物の脳あるいは精神の機能・構造の解明に適用しようとするものである。ただし，わたしは必ずしも進化とは結びつけずに，もう少し広義で使用している。このアプローチでは，人々は何らかの適応課題を解決するために文化を作り上げていくが，そうすると今度は文化が人々に適応課題を押しつけ，このようにして精神と文化は相互作用的に形成されてくると想定される。例えば，わたしたちは，コミュニティの成員がほぼ同質かつ一定レベルの知識を共有できるようにという適応課題を解決するために，学校という文化を形成した。ところが，学校文化がいったん確立されると，今度は学校がわたしたちに適応課題を押しつけてきて，さまざまな問題をうむことになる。もちろん（ｂ）の文化心理学的アプローチにおいても，何らかの適応課題を想定しているだろう。しかし，実際には適応課題があまり議論されることはないままに，文化と精神が語られているように思われる。さらに，わたし自身がこの枠組みを気に入っている理由は，この（Ｃ）のモデルで，「文化」を，「道具」と置き換えても，「言語」あるいは「文字」と置き換えても，さらには「コンピュータ」と置き換え

ても，興味深い分析が可能になるからである。

　本章で扱う自己高揚と自己卑下を説明するのに，自尊心という概念では不十分に思える。なぜならば，自尊心自体が説明されなければならない概念であり，自尊心を高めることがなぜ適応的なのかということが語りつくされていないからである。言い換えれば，この自尊心を高く保つのは，どのような適応課題を解決するためなのだろうか。この問題に答える代わりに，5節において，個人主義文化と集団主義文化における適応課題をあげてみたい。その前に，4節で，わたしたちの研究を紹介しよう。

第4節　選好と拒否

　5節において，個人主義文化と集団主義文化における適応課題を解決するのに自己高揚や自己卑下が戦略として用いられるということを説明する前に，ここでは，前段階として人々の選好（preference）と拒否（rejection）の非対称現象を紹介しよう。

　シャフィール（Shafir, 1993）は，以下のような人間の非合理的な選択を報告している。彼の実験で，実験参加者は，表2-2にあるような，2つのパッケージツアーのうちどちらを選択するかを求められた。観光地Aは，各特長が平均的であるのに対し，観光地Bは，良し悪しが極端である。実験参加者の半分は，2つの選択肢の中から，好きなものを選ぶことを求められた（選好条件）。残りの半分は，2つのツアーともに魅力的なので両方を予約したが，もうすぐ期限なので，どちらかをキャンセルするかを質問された（拒否条件）。もし人間が合理的に思考するならば，

表2-2　2種類の仮想パッケージツアーと，それぞれの条件での選択率

	観光地A	観光地B
	平均的な気候	輝く太陽
	平均的なビーチ	豪華なビーチとサンゴ礁
	中程度のホテル	超近代的なホテル
	中適度の水温	たいへん冷たい水温
	平均的なナイトライフ	ナイトライフはない
選好	33%	67%
拒否	48%	52%

選好を求められて A を選択すれば，拒否を求められれば B を選択するはずである。あるいは逆に選好で B が選択されれば，A は拒否で選択されやすい。ところが，結果は表 3-2 に示されるように，たいへん興味深いことに，選好を求められた場合でも，拒否を求められた場合でも，B の選択が多かったのである。

　これは，標準的な合理的選択と矛盾している。シャフィール他（Shafir et al., 1993）は，この非合理性を説明するために，理由に基づく選択（reason-based choice）という仮説を提唱した。この仮説によれば，好きなものを選択するようにいわれると，人々の注意は各々の選択肢の長所や肯定的な側面に向き，それらの選択の理由とするわけである。逆に，キャンセル・拒否の場合には，人々の注意は短所や否定的な側面に向き，それらが拒否の理由となる。このパッケージツアーの例では，選好を求められると，「豪華なビーチとサンゴ礁」や「超近代的なホテル」といった肯定的な特徴に注意が向けられ，それを理由に B が選択される。また，キャンセルを求められると，同じ B の「たいへん冷たい水温」や「ナイトライフはない」といった否定的な特徴に注意が向けられて，これを理由に B がキャンセルの対象になる。

　わたしたち（谷口他，2006）は，この仮説を，自己卑下と自己高揚の説明に適用するために，日本人を実験参加者として，かつ選択のターゲットを架空の人物としてこの実験を行った。実験参加者には，自分たちの親密なグループのパーティを催すことを想定することを求めた。シナリオでは，そのパーティに新しく 2 名の人物が参加を希望しているが，その両名は仲が悪いということが判明したので招待するならどちらか 1 名にしなければならない。その 2 名は，表 2-3 に示されるように，人物 A は平均的で，人物 B は長所と短所が極端である。選好条件では，「どちらを招待するか」と質問され，拒否条件では，「どちらを断るか」と質問された。その結果，選好においても，拒否においても，長所短所が極端な人物 B が選ばれやすいことが明らかになった。この結果は，シャフィールら（Shafir et al., 1993）の結果とほぼ同じである。

　さらに，わたしたちの研究（谷口他，2006）では，同じグループの他のメンバーがどのような判断を行うかという他者判断推論を求めた。この条件は，日本人が，人物 B のような長所短所併せもつ人間よりも，人物 A のような平均的な人間を好むという通説を検討するために設けたものである。その結果，自分で判断した場合には人物 A も人物 B も，選好と拒否を合算すれば好悪はほとんど同じであるにもかかわらず，他者判断の推論では，選好の場合には平均的な人物 A が選ばれ，拒否の場

表 2-3　2 名の仮想人物とそれぞれの条件における選択率

		人物 A	人物 B
		それほど快活ではない	快　活
		神経質ではない	かなり神経質
		がんこではない	かなりがんこ
		誠実とも不誠実ともいえない	誠　実
		親切とも不親切ともいえない	親　切
自己判断	選　好	38%	62%
	拒　否	35%	65%
他者判断推論	選　好	56%	44%
	拒　否	40%	60%

　合には人物Bが選ばれるというように，明らかに，長所短所極端なBのような人物を回避するという傾向がみられた。言い換えれば，新たに自分のグループに人物を招き入れようとするとき，自分自身は，長所のある人がいいと思っているが，他の人は，その人物の短所が気になって選択を避けるだろうと推論するわけである。

　この自己判断についての結果，すなわち，人物を集団に招き入れるときはその人物の長所に注意が向き，集団から排除するときはその人物の短所に注意が向くということは文化的に普遍かもしれない。しかし，他者判断推論では選好の場合も拒否の場合も平均的な性格の人物を好むという結果については，文化的に普遍なのか，あるいは日本人に，さらには集団主義文化とされる人々に特徴的なのかは判断できない。少なくとも日本人は，自分では長所短所が極端な人を好む場合でも，他の人は好まないだろうと推論しているわけで，さらに，集団主義文化では同じ集団の他者の心を推論するように奨励されやすい（Triandis & Vassiliou, 1972）という傾向から，わたしたち日本人は平均的な人物を好むという通説が生まれているのかもしれない。なお，この研究自体からは，この通説が正しいのかどうかを検証できるわけではない。

第 5 節　適応課題を解決する戦略としての自己高揚と自己卑下

　個人主義と集団主義という区別は，西洋人と東洋人の行動の違いを記述・説明するために提唱された構成概念である。社会心理学者の中には，個人主義文化の源流

が古代ギリシャおよびその哲学の中にあるとし，一方，集団主義文化の源泉の 1 つを古代中国と考えている研究者もいる。しかし，個人主義と集団主義の区別は，多層的なレベルで行われており，また地勢的，生態学的な要因も含めて，さまざまな要因によって生じてきた特徴的差異であろう。

　基本的に血縁単位で部族を構成していた人類の祖先が，血縁関係以外の他者を信頼するようになった要因の 1 つが核家族化である。約 170 万年前に出現したホモ・エレガスターにおいて，男女の体格差が比較的小さくなって，現代人のようになった。一般に，哺乳動物においてオスとメスの体格の差が大きいということは，メスをめぐってオス同士の争いがあり，体格が大きな勝者が複数のメスを得るという一夫多妻にたいする生物的適応であると推定できる。一夫多妻では，一人のオスを中心とした血族で部族が構成されやすい。その場合，信頼するのは部族メンバーのみであり，外集団排他的な集団主義社会ができやすい。ホモ・エレガスターは，ジャガイモなどの根茎類を食べていた可能性が指摘されており，またハンドアックスという石器も使用するようになった。狩猟だけに頼らない生活習慣によって，男女の分業化がすすみ，男女の絆が集団の中の単位として大きな位置を占めるようになったと考えられる。こうなると，血縁的な部族を基本とする集団主義は崩れ，部族の集団内で，血縁によらない信頼形成が必要になり，個人主義化していくようになる。

　もちろん現代的な意味での個人主義文化と呼ばれる社会的行動パターンは，有史以後の歴史の産物である。個人主義文化的な傾向を生み出す要因にはさまざまなものがあると考えられるが，その 1 つとして，個人の選択肢の数の増加がある。選択肢の数が多いと，個人は，その決定について独自の決定を行いやすくなり，個人主義的になる。その意味で，役割が固定的な伝統的社会では個人主義文化が育ちにくいが，情報が行き来し，個人がその情報をどのように処理して，どの情報に従うかという決定権がある文化においては，人々は個人主義的行動をとりやすくなる。

　この個人の意思決定の多様性に大きく影響を与え，かつ固定的な集団で形成されやすい集団主義的傾向を阻害しているのが，集団の成員の流動性である。例えば，ジラー（Ziller, 1965）は，比較的開かれた集団と閉ざされた集団を比較した過去の研究を総括しているが，それによれば，ジラー自身は集団主義・個人主義という用語を用いているわけではないが，開かれた集団では個人主義文化の特質としての行動が見られやすく，閉ざされた集団では集団主義文化の特質としての行動が生じやすいことが報告されている。

　また，集団が固定していないと，社会的交換において，血族以外どころか，新た

に遭遇した人々を信頼していかなければならない。社会的交換は，ヒト以外の動物においてもしばしば見られるが，その種，あるいはその社会が集団で生き延びていくうえで大変重要で，交換し合っていくことによって各メンバーが相互に利益を得ることができる。とくに，余剰の穀物をもった農民と，食べきれない肉を得た狩猟採集民が，穀物と肉を交換するというように，提供する側の負担は少なく，得る側の利益が大きいような社会的交換においては，双方ともに適応上有利になる。この社会的交換は互恵的であり，だましやたかりは，交換相手から排除されていくことになる。その場合に，どのような人々を信頼できるのかという情報を獲得し，かつ内集団メンバー以外の人間も信頼していくという態度が必要になる。なお，この「信頼」について，山岸（1998）が，文化との関係を述べている。彼によれば，個人主義文化では外集団メンバーを信頼する傾向が強い。個人主義文化では，集団の流動性が強く，新しいメンバーと出会ったときに，関係を築いていくために，まずそのメンバーを信頼することが重要になってくるからである。

　さらに，トリアンディス（Triandis, 1995）は，個々の人間が所属する内集団の数は，集団主義文化よりも個人主義文化において多くなると述べている。わたしは，この内集団の数というのは，単に個人主義文化・集団主義文化を区別する重要な特徴というだけではなく，自己卑下・自己高揚の違いを説明する重要な部分だと考えている。とくに，個人主義文化のもっとも本質的な部分にあるのが，外集団，あるいは異文化集団との遭遇，それによる集団的流動性である。このように考えると，個人主義文化自体が，人類が，集団的流動という事態において，その適応課題を解決するために，採用した戦略ともいえるかもしれない（表 3-1 参照）。

　わたしたち（谷口他，2006）は，個人主義文化における自己高揚は，集団あるいは関係の流動性に対する戦略であり，集団主義文化における自己卑下は，集団・関係の流動性あるいは固定性に対する戦略であると考えている。関係流動性（relational mobility）とは，社会における個人が，新しい関係を築いたり，古い関係を終わらせたりする度合いである（Yuki & Schug, 2012）。関係流動性が高いような状況では，常に，自分が新しい集団に選択されることが重要である。すでに谷口他（2006）で示されたように，集団に新しく迎えられるためには，平均的な人間よりも，少々短所はあっても，長所がはっきりしている人物が有利である。そのような場合に，自分の短所を矯正するよりも，長所を新しいメンバーにアピールすることが重要である。したがって，自分の長所を認識して，自分が優れていると自分自身で信ずることが適応的である。自己高揚はその結果であると考えられる。それに対

して，関係流動性が低く，特定の集団に長くとどまっていることが重要な目標であるような状況では，自分が属する集団から排除されないことが重要である。集団から排除されやすいのは，短所がある人物である。したがって，このような状況では，自分の短所を明確に理解し，それを矯正していくことが必要である。自分の短所に注目して自分を低く評価する自己卑下は，このような状況で適応的なのである。

　このように考えると，自己卑下と自己高揚を説明するのに，自己（self）あるいは自尊心（self-esteem）という概念は不要になる。不要とする第一の理由は，「各々の文化における自己概念に自分を合わせるため」であるとか，「自尊心を高めるために（西洋）」あるいは「集団から期待される人間になるために（東洋）」という説明では，説得力が低いからである。例えば北山（1998）は，東洋人の場合，自己の否定的な側面にチューニングして，自分たちの社会が期待する人物になれるように，そして集団主義的文化における内集団調和を乱さないように，自分自身の短所を矯正していくことに動機づけられているからと説明している。しかし，これでは，集団主義社会がなぜ，短所を矯正することを期待して，長所をさらに伸ばすことを期待していないのかという理由が不明である。個人がそれぞれ長所をもち寄って集団的調和を構成するという可能性もあるからである。

　もう1つの理由は，自己卑下や自己高揚を，流動性が低い集団への適応あるいは高い集団への適応という概念で説明できるならば，よりあいまいな自己や自尊心といった概念で説明する必要がないという点である。この考えは，「ある行動が低次の心的能力によると解釈できるならば，より高次の心的能力によると解釈すべきではない」というモーガンの公準（Morgan's Canon）に一致している。この公準は，客観的な科学的心理学を確立するためには，心理学の研究対象は行動のみとする，20世紀前半の行動主義に受け入れられた。わたしは，行動主義者というわけではないが，行動主義者たちが信奉したこの公準は，科学的な論考にとって非常に重要である。ここでは，さらに，モーガンのいう「高次」を「より仮定性が強い」と解釈しよう。そうすれば，この公準は，心理学だけではなく，物理学をはじめ，他の領域においても適用されているといえる。例えば，墓地における発光体を，人骨に含まれるリンの発火作用として説明できるならば，「ひとだま」というはるかに仮定性が強い概念で説明すべきではない。なお，このことは「ひとだま」という概念を否定するわけではない。もちろん同様に，わたしは，「自己」や「自尊心」という概念を否定しているわけでもない。

　わたしたちの別の研究でも，自尊心という概念を用いずに，自分の意見を守る傾

向を説明している。ヴァン・デル・エンストら（Van der Henst et al., 2006）によれば，別の人から自分とは異なる意見をいわれても，洋の東西を問わず自分の意見に固執しがちであることが示された。自分の意見を曲げない理由として，それによって自分の意見が間違っていないと信ずることで自尊心が守られると説明できるかもしれない。しかし，わたしたちはそのような説明はせず，コミュニケーション能力は，同時に自分が情報発信側に操作されないように用心する能力と同時に進化させなければ適応的ではないという立場からの説明を選んでいる。自分の意見に対する固執はその結果であり，この場合，自尊心はその副産物であるといえるかもしれない。

　自己や自尊心という概念自体は重要である。しかし，自尊心概念については，あたかも既存概念であるかのように一人歩きをしすぎているのではないかと思えることがしばしばある。「……の行動は，自尊心を高めるため」という説明がなされることが多いが，自尊心概念自体がもっと説明されるべきで現象であろう。表3-1で提唱した（c）の枠組みに従えば，自己や自尊心はどのような適応課題を解決するためなのかを論ずるべきであろう。

　自尊心自体について，結城他（Yuki & Schug, 2012）は，これを関係流動性に対する適応戦略として位置づけている。この章では，わたしは自己高揚や自己卑下を説明する概念として自尊心概念は不要と主張しているが，結城は，自己高揚・自己卑下と自尊心の高低を，関係流動性から説明している。対人関係形成の機会や，新規集団参入の機会が相対的に多い高関係流動性社会では，そこにおける適応課題は，より望ましい他者との対人関係を形成することである。関係流動性が高く，新規な関係形成の機会が多い社会では，自らの社会的価値の高低が，社会的成功に直結する。さらにこのような社会では，自らの社会的価値が高いと信じたほうが適応的である。すなわち，自己高揚を生じやすい。なぜならば，そうした楽観的な信念は，ある相手から関係形成を拒否された場合にも落ち込むことなく，次の相手への再挑戦を促すからである。関係流動性は，個人主義文化とされる北米やヨーロッパで高く，北米人の自尊心の高さはその流動性に対する適応の結果と推定される。

　表3-4に，文化と自己高揚・自己卑下の関係について，文化心理学的なモデルと，本章で提唱しているモデルとを対比してまとめている。文化心理学的なモデルでは，自己観が大きく介在して文化と行動の不分離性が主張されているが，適応課題を媒介させたモデルでは，自己高揚・自己卑下は，あくまで集団の流動性から生じた適応課題を解決するための戦略として捉えられている。

表 2-4　文化心理学的モデルと適応課題媒介モデルの対比

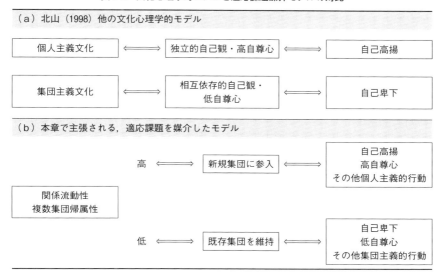

第6節　自己高揚・自己卑下の領域特殊性

　自己高揚・自己卑下について，領域によって生じ方が異なるという報告もなされている。これを領域特殊性（domain-specificity）と呼ぶが，簡単にいえば，ある能力や精神的機能が，特定の領域においてのみ作用することを指す。

　例えば，伊藤（1999）は，他者との比較が容易な能力領域よりも，直接比較することが困難な「優しさ」のような特性では，日本人においても自己高揚的であることを示している。また，小林他（Kobayashi & Brown, 2003）は，日本人大学生とアメリカ人大学生を比較して，それぞれの大学生が重要であると考える領域において比較的自己高揚を生じさせやすいことを示した。アメリカ人大学生は，能力などについての領域が重要であると考え，また，日本人大学生は，他者との関係性などについての領域が重要であるとする傾向があり，各々の重要領域において自分は友人よりも優れていると判断した。小林によれば，従来の自己高揚・自己卑下研究で用いられていた領域が，個人の能力に関するものが多く，その結果日本人で比較的自己卑下が多かったと推定される。

　こういった領域特殊性も，自己高揚や自己卑下がそれぞれの領域における特有の

表 2-5　各領域における自己評価（自己高揚・自己卑下）と，各領域の評定，
および評定値と自己評価の関係

	社　交	スポーツ	知　性	優しさ	容　貌	生き方
自己評価	4.25	3.75	3.86	4.60	3.61	4.18
重要性	4.34	3.42	4.35	4.53	4.15	4.47
比較容易性	3.62	4.03	3.49	2.73	3.67	2.46
変容性	4.17	3.53	4.17	3.86	3.36	3.96
被嫉妬性	3.06	3.06	3.64	2.63	4.36	3.52
	経済力	まじめさ	学校評判	スタイル	おしゃれ	
自己評価	4.21	4.60	4.45	3.46	3.74	
重要性	4.29	3.88	3.73	3.96	4.03	
比較容易性	3.51	3.16	3.44	3.89	3.78	
変容性	3.73	3.66	3.13	3.91	4.11	
被嫉妬性	4.21	2.56	3.47	4.18	3.77	

重要性：.48　　比較容易性：-.14　　変容性：-.48　　被嫉妬性：-.71*

注）被嫉妬性のみ有意であった。

適応課題を解決するための適応戦略であると考えられる。西岡（未公刊）は，表
3-5 に示されるように，11 の領域において，日本の女子大学生に，それぞれ自分が
平均的な大学生を基準としてどの程度なのかを評定させた。最低が 1，最高が 7 な
ので，平均が 4 となる。すなわち，少々乱暴だが，4 以上の領域において自己高揚
が，4 以下の領域において自己卑下が現れていることがわかる。この表から，まじ
めさや優しさといった領域では自己高揚が現れているが，容貌やスタイルにおいて
は自己卑下の傾向にあることがわかる。

　この領域特殊性の要因を検討するために，西岡（未公刊）は，同時に測定した，
重要性，比較容易性，変容性，被嫉妬性という各領域の評定値を用いた。もし，小
林他（Kobayashi & Brown, 2003）が述べるように，重要な領域において自己高揚
が生じているなら，重要性が高い領域で自己高揚が起きることが予測される。比較
容易性は，他者との比較がしにくいような領域なら日本人でも自己高揚が生ずる可
能性があるという点を検討するために測定した。また，自己卑下は，自らの短所を
矯正していくという適応的側面があるとすれば，努力によって変容しやすい領域ほ
ど自己卑下が生じやすいと考えられる。変容性はこの点を検討するために測定され
た。さらに，自己卑下は，集団のメンバーから嫉妬を受けることを避けるための戦

略と見た場合，嫉妬されやすい領域では，自己卑下したほうが安全である。したがって，測定項目に被嫉妬性も加えられた。そして，これらの平均値を用いて，比較容易性，変容性，被嫉妬性を独立変数として，自己評価値を従属変数として，重回帰分析を行った。その結果の，標準回帰係数が表 3-5 の下部に記されている。概して，重要性が高いものは自己高揚的であり，また，変容性が高いものは自己卑下的であることがわかり，小林の仮説や短所矯正の仮説は支持されたが，もっとも大きな影響力があった要因は，被嫉妬性であった。すなわち，嫉妬されやすい領域では自己卑下が，嫉妬されにくい領域では，自己高揚が生じやすかったのである。

　これらの結果は，自己高揚や自己卑下も，大枠では集団メンバーの流動性の多寡に対する対処する戦略なのかもしれないが，領域特殊的な面もあって，それぞれの状況に応じた局所的な戦略であるともいえるだろう。とくに，嫉妬されやすいような領域において，少なくとも日本の女子大学生は自己卑下傾向を示すようである。集団が閉鎖的になると，メンバー間で，相互干渉と，状況によっては内集団メンバーとの比較による競争が激しくなり，そういった競争下で他のメンバーから嫉妬を受けやすい領域については自己卑下を示すのだろうと考えられる。

第 7 節　精神的健康の概念

　再度，精神的健康に戻ろう。以上から述べたいことは，日本人は集団主義的であり，集団主義文化では個々人の自尊心も低く，したがって自己卑下的であり，また個人の主観的幸福感も低いといった考え方の枠組みとは異なる視点を提供することである。ましてや，メディアなどで喧伝される「日本人はストレスが多くて精神的に健康的ではない」という通説的な主張とは考え方がまったく異なっている。本章におけるもっとも基本的な考え方は，比較文化的には集団・関係の流動性を基準としており，自己高揚や自己卑下はそれぞれの状況に応じた適応的な戦略であるということと，さまざまな戦略を採用すれば，それに伴って，あるいは副産物として解決すべき適応課題が生じているということである。本章では，これらの適応課題の解決という視点から健康を考えている。

　わたしは，ヒト特有の，集団における精神的健康という問題を扱うにあたって，社会的哺乳類としてのヒトの進化史を考慮しなければならないと考えている。カミンズ（Cummins, 1998）は，順位制（dominance hierarchy）仮説を提唱しているが，これによれば，ヒトは集団の中の地位の上昇と集団内の調和を保つというジレ

ンマの中で進化したとされる。集団内の地位の上昇も，集団の調和も，ヒトが解決しなければならない適応課題である。しかし，特定の個人による集団内の地位の上昇の目論見は，多くの場合，集団内調和を崩す原因の１つとなる。

　外集団との遭遇は，そのような閉鎖的な状況に，別の要因をもち込むことになる。例えば，閉鎖的集団では，地位の上昇は集団内での人間関係が大きくかかわるが，開放的あるいは流動的な集団では，自分の能力をアピールすることが地位の上昇に結びつく。そのようななかで，さまざまな人間が登場し，地位の上昇に大きな喜びを感ずる人間もいれば，自分が属する集団の調和のなかで幸福感を感ずる人間もいる。さらに，個々の人間のなかにおいて，目標が葛藤しあうこともあるだろう。精神的健康とは，個々の目標にどの程度到達できているのかという指標の１つと考えることができる。したがって，ヒトの最終目標は，適応あるいは適応課題の解決であって，精神的健康は必ずしも最終目標ではない。

　現代社会では，例えば，大学に入学するなど地位の上昇に結びつく手段は多い。それによる過当競争が精神的健康を損なうものとして扱われることがしばしばある。わたしの見解では，地位が上昇できないことも，過当競争で辛い思いをしたりすることも，どちらも解決すべき適応課題である。精神的健康は，過当競争しないこととのみ結びついているわけではなく，ましていわんや過当競争を解消すれば精神的健康の問題が解決するというほど単純ではない。もちろん過当競争についての適応課題を解決するために，ヒトはさまざまな戦略を編み出してきた。「競争は無意味だ」とか「競争の勝者が人生の勝者ではない」などという思想を流布したり，社会制度として競争を緩和するようなルールを設けたりなどである。一夫多妻から一夫一妻に移行したと考えられるホモ・エレガスターも，メスに対するオスの過当競争という適応課題を解決した結果なのかもしれない。

　精神的健康というと，主観的幸福感やストレスと結びつきやすい。しかし，本章では，あくまで適応課題の解決の指標であるとして捉えている。自己卑下や自己高揚もその解決の戦略の１つとして紹介した次第である。

【引用・参考文献】

Cummins, D. D. (1998). Social norms and other minds: The evolutionary roots of higher cognition. In D. D. Cummins & C. Allen (Eds.). *The evolution of mind* (pp. 30-50). New York: Oxford University Press.

Heine, S. J., & Lehman, D. R (1995). Cultural variation in unrealistic optimist. Does the

West feel more invulnerable than the East? *Journal of Personality and Social Psychology, 68*, 595-607.

Heine, S. J., Lehman, D. R., Markus, H. R., & Kitayama, S. (1999). Is there a universal need for positive self-regard? *Psychological Review, 106*, 766-794.

伊藤忠弘（1999）．社会的比較における自己高揚傾向―平均以上効果の検討　心理学研究, *70*, 367-374.

唐澤真弓（2001）．日本人における自他の認識：自己批判バイアスと他者高揚バイアス．心理学研究, *72*, 195-203.

北山　忍（1998）．自己と感情―文化心理学による問いかけ　共立出版

Kobayashi, C., & Brown, J. D. (2003). Self-esteem and self-enhancement in Japan and America. *Journal of Cross-Cultural Psychology, 34*, 567-580.

Latané, B. (1966). Studies in social comparison: Introduction and overview. *Journal of Experimental Social Psychology, Supplement 1*, 80-94.

Markus, H. R., & Kitayama, S. (1991). Culture and the self: Implication for cognition, emotion, and motivation. *Psychological Review, 98*, 224-253.

西岡里奈（未公刊）．日本人における自己高揚と自己卑下の起因について　神戸女学院大学人間科学部 2007 年度卒業論文

Schug, J., Yuki, M., & Maddux, W. (2010). Relational mobility explains between-and within-culture differences in self-disclosure to close friends. *Psychological Science, 21*, 1471-1478.

Shafir, E. (1993). Choosing versus rejecting: Why some options are both better and worse than others. *Memory and Cognition, 21*, 546-556.

Shafir, E., Simonson, I., & Tversky, A. (1993). Reason-based choice. *Cognition, 49*, 11-36.

谷口淳一・山　祐嗣・川﨑弥生・堀下智子・西岡美和（2006）．人物選択における選好と拒否　社会心理学研究, *21*, 226-232.

高野陽太郎（2008）．「集団主義」という錯覚―日本人論の思い違いとその由来　新曜社

高野陽太郎・櫻坂英子（1997）．"日本人の集団主義" と "アメリカ人の個人主義"―通説の再検討―　心理学研究, *68*, 312-327.

Triandis, H. C. (1995). *Individualism and collectivism*. Boulder, CO: Westview Press. （トリアンディス，H. C. 神山貴弥・藤原武弘（編訳）（2002）．個人主義と集団主義　北大路書房）

Triandis, H. C., & Vassiliou, V. (1972). A comparative analysis of subjective culture. In H. C. Triandis (Ed.), *The analysis of subjective culture* (pp. 299-338). New York: Wiley.

Van der Henst, J.-B., Mercier, H., Yama, H., Kawasaki, Y., & Adachi, K. (2006). Dealing with contradiction in a communicative context: A cross-cultural study. *Intercultural Pragmatics, 3*, 487-502.

Yama, H., Nishioka, M., Horishita, T., Kawasaki, Y., & Taniguchi, J. (2007). A Dual Process Model for cultural differences in thought. *Mind and Society, 6*, 143-172.

山岸俊男（1998）．信頼の構造―こころと社会の進化ゲーム　東京大学出版会.

Yuki, M., & Schug, J. (2012). Relational mobility: A socioecological approach to personal relationships. In G. Omri, A. Glenn, & K. Adrianne (Eds.), *Relationship science: Integrating evolutionary, neuroscience, and sociocultural approaches* (pp. 137-151). Washington DC: American Psychological Association.

Ziller, R. C. (1965). Toward a theory of open and closed groups. *Psychological Bulletin, 64*,

164-182.

03 典型的な学際的領域としての言語学

田島和彦

第1節　チョムスキーの言語理論とデカルト・ガリレオの科学伝統

　現代言語学研究の創始者であるノーム・チョムスキー（N. Chomsky（1928-））が，1950年代に始めた生成文法（Generative Grammar）と呼ばれる科学的言語研究，つまり，言語を通して人間の頭の中で何が起こっているのかの研究は，「認知革命（Cognitive Revolution）」と呼ばれる現象を引き起こし，言語学を認知科学の一分野と成したことはよく知られている。チョムスキーが1990年代から始めた自然言語理論である極小理論（Minimalist Approach）は，生成文法の現在の発展形として提唱されている。近年，チョムスキーは以下に述べるように，言語学は生物学の一分野（「バイオ言語学（Biolinguistics）」）として捉えられるべきであると論じている[1]。

　本章の目的は，チョムスキーの極小理論の分析法が，なぜ本書の主題である「健康的」なものに相当するのかについて述べることにある。極小理論は，人間の脳の中の言語の発生や発話・理解のシステムを含む全ての認知プロセスは，数学的に捉

1）人間が日常で扱う英語，日本語等の言語は自然言語（natural language）と呼ばれ，コンピュータ言語や論理学で扱う論理式等の人造の言語は形式言語（formal language）と呼ばれる。チョムスキーは，チョムスキー標準形（Chomsky Normal Form）やチョムスキー階層（Chomsky's Hierarchy）等の形式言語の研究でも知られてきたが，常に研究対象は自然言語である。なお，ここでは，チョムスキーの現在の分析法を単純に「極小理論」と呼ぶが，理論（theory）とMinimalist Approachの「アプローチ」という表現の違いは，重要な意味合いをもつとされる（Chomsky（1995），Lasnik & Uriagereka（2005）やBoeckx（2006）を参照のこと）。

えなくてはならないとするデカルト（R. Descartes（1596-1650））およびガリレオ（Galileo Galilei（1564-1642））流の科学体系をその基幹としている。このデカルト・ガリレオの科学伝統（Cartesian-Galilean science tradition）に基づく分析法が「健康的」な科学的手法に当たると提言する。

　本章では，この前提に立ち，実際に極小理論のコンピュータへの導入を考える。すなわち，文の生成プロセスが数学的に捉えられれば，具体的にコンピュータ上に実装が可能になるはずである。本章の限られたスペースの中ではあるが，これにより，極小理論の理論的展開の可能性を探る。具体的には，チョムスキーの極小理論が生成派生モデル（話者モデル）に特化しているのに対し，認識理解モデル（聞き手モデル）にも適合するハイブリッドなモデルを構築し，語彙に含まれる素性の性質を基にシンタクスのいろいろな操作の統一的処理システムを目指す。

　デカルトおよびガリレオは，もっとも単純な要素から始めてそれを演繹していけばもっとも複雑なものに達しうるという還元主義的・数学的な考えを提唱したとされる。ガリレオによると，我々を取り巻く自然現象は，本質的に完璧に最適化されて成立していて，数学的に捉えられるとする。例えば，潮の満ち引きのような自然現象から，動物の一つひとつの行動（なぜある特定の行動をある特定の時期に取るのか等）まで系統的に，「自然界の数学的様式（mathematical patterns in nature）」として解明できるとする[2]。

　社会科学や人文科学で広く用いられるアリストテレス派（Aristotelean tradition）の分析法と比べ，このガリレオ流の自然現象に対する考えと理論構築法は自然科学の分野で一般に用いられ，ブックスとピアテリ＝パルマリーニ（Boeckx & Piattelli-Palmarini, 2005: 456）によれば，「我々を取り巻く自然現象の全ては，最も簡潔に捉えられる数学的概念が実現化されたものであり，ケプラーからアインシュタインに至るまで現代科学者が共有するところの信念である（"the belief, held

---

2）極小理論の専門的概念の入門書としては，アジャー（Adger, 2003），ブックス（Boeckx, 2007），チョムスキー（Chomsky, 1995: Chap. 1），ホーンステイン（Hornstein et al., 2005），ラズニクとウリアゲレカ（Lasnik & Uriagereka, 2005），ラドフォード（Radford, 1997, 2004），福井（2001），中村ら（2001）を参照のこと。デカルト・ガリレオの科学伝統に基づく分析法に関しては，チョムスキー（Chomsky, 2000a, 2000b, 2002, 2004a, 2004b），ブックスとピアテリ＝パルマリーニ（Boeckx & Ppiatelly-Palmarini, 2005），ブックス（Boeckx, 2006），ヒンゼン（Hinzen, 2006），マクギルブレー（McGilvray, 2005），福井（2001），チョムスキー（2003）等を参照されたい。

by all major proponents of modern science, from Kepler to Einstein, that nature is the realization of the simplest conceivable mathematical ideas, ...")」という。

　極小理論の分析法は，このガリレオ流の理論構築法を採用し，チョムスキーは言語学も自然科学として，その研究方法は本源的に基本物理学に還元できるものであり，人間の言語能力は，数学的に捉えられるものであると主張する。すなわち，自然言語も，ガリレオのいうところの完璧に数学的に意図されて成立している自然現象と同様に研究できるとする。物理学も言語学と同様に自然現象の観察という経験を基底として研究される経験科学の分野に相当するといわれる。チョムスキーは，福井（2001：18）も指摘するように，1980年代，生成文法の「数学化そのものは本質的なことではない」と指摘しているが，物理学でも事象が説明できれば数学的に厳密な証明を要さない場合も少なくないといわれる。しかし，ガリレオ流の自然界の数学的様式の解明というテーゼの下に，どれだけ理論上で数学化が必要になるのかも今後の極小理論のテーマであろう。

　また，すべての知識は，我々の経験の結果であるとする経験主義，特に1950年代中頃まで，言語学や心理学で支配的であったB.F.スキナーの徹底的行動主義（radical behaviorism）と称されるものに対し，チョムスキー（Chomsky, 1959, 1966）は，デカルト流の理性主義（rationalism）を支持し，人間は言語の創造性を可能にする普遍的能力は生得的にもっていると主張する。この能力は，Innate Language Faculty（生得的言語機能），Language Instinct（言語本能），Universal Grammar（普遍文法）などと呼ばれる。

　本章は，このデカルト・ガリレオ流の科学伝統に基づくチョムスキーの言語分析法は，本書の主題である「健康的」な科学法に相当すると主張する。ブックス（Boeckx, 2006）は，自然現象が，最適化され，秩序的，系統的にできていて，論理的に分析できることを「科学の美（beauty in science）」とする。もし反対に，我々を取り巻く自然現象が無秩序で反系統的にできていて，論理的に分析できないという前提が正しかったとしたら，科学者は，自然現象を解明していく過程でこの上ない重荷を背負うことになろう。上に言及したように，ケプラー，ニュートンからアインシュタインに至るまで現代科学者は，ガリレオ流科学伝統の信念を保持してきた。

　また，デカルト流の理性主義に関しては，人間の一般能力に関する有名な先天性－後天性論争（nature versus nurture debates）もあるが，人間としての創造的で本能的，人種差また地域差にとらわれない普遍的な言語能力が生まれながらに脳に

備わっているという考え（例えば，チョムスキー（Chomsky, 1966）を参照）が，人間の本質的能力を尊重し，人間のもつ「自然の光（理性）」を用いて真理を探究するというデカルト流の，より「健康的」な科学法であるとみることができる。

　さらに，チョムスキーの言語科学研究は，典型的な学際的（interdisciplinary）領域となってきた。その究極的目的が人間の言語に関する認知能力の解明にあることから，生物学，心理学，社会学から哲学，数学，コンピュータ科学，医学まで多分野に渡る異なった分野の相互間の共同研究を必要とする学問に成長したといえる。もはや，言語学は，日本における伝統的な「文系・理系」の枠組みでは捉えられない新しい領域になり，この意味でも，学問の一分野として「健康的」発展を遂げているといえるであろう[3]。

第2節　バイオ言語学

　言語科学を生物学的に考察する根拠（初期の言語学の取り組みはレネバーグ（Lenneberg, 1967）を参照）として，チョムスキー（2003; Chomsky, 2005）は，言語の発達には次の3つの遺伝学的要素が密接に関連するという。まず，他の動物にはみられない人類固有の生得的かつ遺伝的要素，すなわち，先に述べた言語の普遍的能力が存在すること。そして，それが言語環境における経験を通し最終的な成人言語の形（つまり，英語になるのか日本語になるのか等）を決定すること。この2つ目の要素は，言語間の差異をもたらす経験によるが，これは普遍的言語能力が許す範囲に限られること。最後の要素は，普遍的言語能力だけではなく他の人間の機能や広く自然現象にも適用する「効率的な計算の原則（principles of efficient computation）」が存在することである。

　最後の要素は，脳の中の言語の生成過程を数学的な計算とみなすことによるもので，ヒンゼン（Hinzen, 2006: 67）の指摘するように，「ある一つの人間言語の生成文法を作るということは，もしそれが脳の中に表すことができるとすれば，その言語の無限の出力（文）を生成する抽象的な機械を作ることと同じである（"Building a generative grammar of any one human language is nothing other than building an abstract machine that, if it was internally represented in the brain,

---

3）マランツら（Marantz et al., 2000）は，MIT 言語・哲学学部，MIT 脳科学学部，ハーバード大医学部，東京大医学部の学際的共同研究を記録している。

would produce the infinite output of that language.")」。このデカルト・ガリレオの科学伝統に基づけば，言語だけではなく全ての脳の中の認知プロセスは，数学的に捉えなくてはならない（例えば，言語に関してはチョムスキー（Chomsky, 2002），ブックス（Boeckx, 2006），言語以外の認知プロセスはガリステル（Gallistel, 2005）等を参照）。

　言語科学を生物学的にみた場合，人類固有の生得的な言語能力を一つの器官と捉え，それがどのように獲得されたものなのかも問題になる。ピンカーとブルーム（Pinker & Bloom, 1990）のようなダーウィンの進化論に基づいた漸進的適応論（Adaptationist gradualist）に対し，チョムスキー（2003）は，言語能力の獲得はある種の突然変異のような形で脳の「配線の入れ替え」が起こったとし，これは人類の進化の上での，チョムスキー（2003）の言葉を使えば，人類固有の「偉大な跳躍的前進（the great leap forward）」であると提唱する。

第 3 節　文の生成プロセス = 計算

　チョムスキーの極小理論（Minimalist Approach）（Chomsky, 1995）は，シンタクス（文の生成プロセス）を，Computation of Human Language（C$_{HL}$），つまり効率的な計算の原則（principles of efficient computation）に従う脳中の計算（computation）と表現している。

　すべての理論的基本概念を必要最小限の簡単なものとして考える規定 "Virtual Conceptual Necessity"（cf. オッカムの剃刀（Ockham's razor））に従い，文の生成プロセスは，語彙の中の素性（feature）に基づき，2つの単語または単語の組み合わせを連結（concatenation）する「マージ（Merge：併合）」と呼ばれる操作，単語または単語の組み合わせを移動させる「ムーヴ（Move）」という操作，数・人称・性別・時制等の素性間の一致を決定する「アグリー（Agree）」という操作等によって行われる。

　我々の語彙の知識は，素性の集合として考えることができる。例えば，「she（彼女）」という代名詞は，次の（1）のように定義できる。

(1)　she=｛[CAT D][TYPE pron][P 3rd][N Sg][G Fem][CASE Nom]…[PF she]｝

　つまり，「she（彼女）」という代名詞（pronoun）のカテゴリー（CAT）は，限

定詞（determiner（D））で，3 人称（3rd person），単数（singular（Sg）），女性形（feminine（Fem））であり，その格（CASE）は主格（nominative（Nom））であるという情報が素性として定義できる。語彙のそれぞれの素性は，特性（attribute）とその値（value）の順番をもった数学的集合（ordered-pair）として定義でき（例えば，CAT という特性の値は D），さらに，それら素性の集まりは，集合（数学的集合の記号 ｜ ｜ をここでは使う）として考える。なお，チョムスキーの基本的概念であるオトノミー（Autonomy: 統語プロセス，音韻プロセス，意味解釈プロセスは別々に分けて分析する）の観点から，単語の素性は，発音に関する音韻素性（phonological features），意味に関する意味素性（semantic features），構造に関連する形式素性（formal features）等があるが，シンタクスの計算においては形式素性のみが関わる。（1）の「...」の部分は音韻・意味素性などの省略を示す。

　チョムスキー（Chomsky, 1995）によると，形式素性は，強素性（strong）または弱素性（weak），内在的素性（intrinsic）または随意的素性（optional），そして，理解可能素性（interpretable）または理解不可能素性（uninterpretable）に分けることができる。単純化すると，素性の強弱は，英語の疑問詞 what や who は強素性によりムーヴ（Move）が起こるが，日本語の疑問詞は弱素性をもつので移動しない等の言語間の差異を規定する。子供の言語獲得は，この強弱素性の違いを語彙習得の過程で特定していくという。この言語獲得の理論は，原理とパラメータ理論（Principles and Parameter Theory）と呼ばれる。また，単語が本質的にもつ素性が内在的素性であり，そうでないものが随意的素性になる。最後に，理解可能素性または理解不可能素性は，LF（Logical Form：論理形式）での意味的寄与をすれば理解可能素性であり，そうではなく構造の生成のみに使用するのであれば理解不可能素性である。本章では，この違いが後に重要になる。

　チョムスキー（Chomsky, 1995）は，理解不可能素性は，統語構造生成の過程の計算で，何の素性に相当するのか照合させ，その結果を LF に送る前に取り除かなければならないとする。なぜならば，理解不可能素性は，意味の計算をする LF では，その名の通り理解不可能であるので，シンタクスの計算プロセスで取り除かないで LF にそのような素性をそのまま送ると，LF の計算が失敗（crash）するとされる。

　シンタクスは音声（Sound）と意味（Meaning）を繋げるシステムという古代アリストテレスからの考えを踏襲し，シンタクスにおける計算の出力を，発音の計算

を行う Phonetic Form（PF：音声形式）と意味の計算を行う Logical Form（LF：論理形式）に送る。例えば，チョムスキー（Chomsky, 1965, 1981）のような極小理論以前の分析法は，深層構造（D（eep）-Structure）と表層構造（S（urface）-Structure）というそれぞれその構造を満たさなければいけない中間レベルが仮定されたが，極小理論はそれらを排除する。チョムスキー（Chomsky, 1995）では，PF と LF への出力の分岐点が音声化（Spell-Out）と呼ばれたが，チョムスキー（Chomsky, 2001）の複数回領域接触モデル（Multiple-Interface Access Model），または，複数回音声化モデル（Multiple Spell-Out Model－ウリアゲレカ（Uriagereka, 1999））と呼ばれる考え方では，（2）のように，フェーズ（Phase）と呼ばれる構造部分単位（サイクル）の計算が終了するたびに，PF と LF への出力がそのつど行われる。極小理論における文の生成は，レキシコンから取り出した単語とその出現回数の集合（ordered pair）を含むものを数え上げ（Numeration）と呼び，マージを起こすたびに選択（Select）という操作がその数え上げから必要な単語を抜き出し構造を作っていく。チョムスキー（Chomsky, 2001）以降ではフ

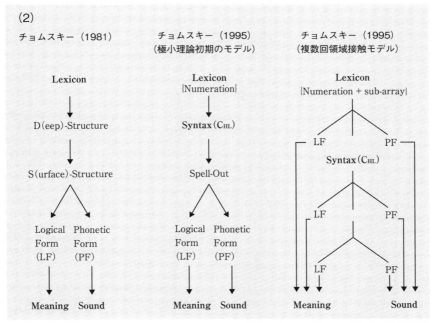

（出典：ブックス（Boeckx, 2007: 44-45）を改変）

ェーズの概念を考慮し，その単語の集合の中の集合（sub-array）を規定する。

　チョムスキー（Chomsky, 1965: Chap. 1）は，生成文法は，人間が脳の中で文の構造を作る生成派生（generation/production）モデル（話者モデルと呼ぶ）と耳から入ってくる音声を理解する認識理解（comprehension/perception）モデル（聞き手モデルと呼ぶ）の双方に中立な分析法であると論じた。しかし，（2）のプロセスからみられるように，極小理論（Chomsky, 1995, 2001）は，フェーズ（サイクル）と呼ばれる単位を基に，文を最下位の単語の組み合わせからボトムアップ（bottom-up）に生成する生成派生モデルであり，認識理解モデルとは互換性があるようには思われない。しかし，生成派生モデルと認識理解モデルの双方が脳の言語能力を構成することはいうまでもないので，以下に両方に互換性があるハイブリッドな分析法を提唱する。

第4節　コンピュータへの導入

　全ての脳の中の認知プロセスは，数学的に捉えなくてはならないというガリレオ流科学体系の前提に基づき，ヒンゼン（Hinzen, 2006）の指摘する「ある一つの人間言語の無限数の文を生成する抽象的な機械」が，極小理論においてどのように実現できるのか，コンピュータへの導入を通し考察する。最初に，ここでのコンピュータへの導入は，工学的・技術的な応用を目的としているのではない。自然言語処理の分野は，理論自然言語処理（Theoretical Natural Language Processing）と応用自然言語処理（Applied Natural Language Processing）に分けられるが，科学理論よりヒューリスティック（heuristic）な要素を重んじローバストなシステムの構築を図る応用自然言語処理ではなく，我々は，人間の脳の中の言語プロセスを考察するチョムスキーの理論の導入を考える理論自然言語処理を目指す。ここでは，コンピュータへの導入によって，数学的に分析できる言語に関する諸概念の理論上の論理的一貫性とそれらの数学的精確さを維持し，極小理論の展開を図れると信じるからである。

　まず，生成派生モデル（話者モデル）と認識理解モデル（聞き手モデル）の双方に適合するハイブリッドな極小理論モデルを提唱する。チョムスキーの生成派生モデルにおいては，WH 移動等の位置転移（displacement）現象は，元の場所からのムーヴで説明される。つまり，（3）の文の what は他動詞 read の目的語であるが，本来の目的語の位置（"what" で示す）には現れないで，文頭に現れる。これを，

元の場所から文頭に移動したと考える。

(3) What did Barack read ~~what~~? (バラクは何を読んだのか。)

　この派生に基づいた理論（derivational theory: 派生理論）に対し，GPSG（Generalized Phrase Structure Grammar）（Gazdar et al., 1985; Bennett, 1995）やHPSG（Head-driven Phrase Structure Grammar）（Pollard & Sag, 1994; Levine & Meurers, 2006）のように，生成文法の中でもブロディー（Brody, 1997, 2003），ニールマンとヴァンデクート（Neeleman & van de Koot, 2002），コスター（Koster, 2003）等の反派生論の表示理論（representational theory）と呼ばれる理論は，この転移関係をムーヴではなく，他の方法で表す。例えば，ブロディーは，転移の依存関係を示すムーヴと連鎖形成（chain formation）の両方をチョムスキー（Chomsky, 1995）のようにもつことは理論上の冗長であり，what は初めから文頭に現れ，連鎖形成 "Chain = (what, ~~what~~)" により依存関係の存在を示すべきだとする。

　この分析法によれば，この WH 転位現象はムーヴではなく，what は初めから文頭に生成（base-generation）するので，ブロディー（1997, 2003）の表示理論は，本来，生成派生モデル（話者モデル）を論じているのだが，同時に，認識理解モデル（聞き手モデル）にも適合するハイブリッドなモデルにでもなり得るといえる。すなわち，WH 移動後の我々の耳に入る形を基本として扱うのが表示理論（representational theory）と呼ばれる理論である。

　本章の目的は，生成派生モデル（話者モデル）と認識理解モデル（聞き手モデル）のハイブリッド極小理論の構築である。具体的には，表示理論のようにムーヴを否定するが，転移の依存関係を示すために，逆にエプスティンら（Epstein et al., 1998）やエプスティンとシーリー（Epstein & Seely, 2006）の提唱する強度派生普遍規則モデル（strongly derivational universal rule-based model）を採用する。何が派生的に移動するかというと理解不可能素性がその性質を判明（素性の照合を決定するアグリー（Agree））するために移動すると仮定する。この方法を，「素性移動（Feature Copying）または，素性浸透（Feature Percolation）の仮説」と呼ぶ。

　この分析法は，表示理論と派生理論の双方の特徴を同時に兼ね持つので，ブロディー（Brody, 1997, 2003）の Lexico-Logical Form （LLF）理論をチョムスキー

(Chomsky, 2001) の複数回領域接触モデルにも適応できるように修正した分析法としてもみることができ，理論構築における表示（representational）と派生（derivation）の差異（ラズニク（Lasnik, 2001）を参照）は，本質的な相違ではないといえる[4]。

第5節　強度派生普遍規則モデルに基づくパージング法

この強度派生モデルで，素性移動（Feature Copying または，Feature Percolation）の仮説に基づいて，どのように文の生成プロセス（計算）が達成されるのか説明する。生成文法を用いた自然言語処理において一般的に提唱されている原理／制約に基づくパージング法（Principle-based または，Constraint-based Parsing）（Berwick & Fong, 1995; Berwick et al., 1999; Meyers, 1994; Stabler, 1992; Gunji & Hasida, 1998 等）と呼ばれるものとは異なり，本章はより最新の極小理論の最近の展開に則した強度派生普遍規則モデル（strongly derivational universal rule-based model）を紹介する。すなわち，（2）のチョムスキー（Chomsky, 2001）以降の複数回領域接触モデル（文の派生のプロセスで何回も LF と PF にそれまでにできた構造を送るモデル）と矛盾しないパージング（コンピュータ上の構造意味解析）を示す。

使用するパーザ（コンピュータ上の解析用プログラム）は，極小理論と同様に bottom-up（つまり，最下位の単語から上に向かって構造を生成する）方法のチャートパーザ（chart parser）（Allen, 1995）で，素性の単一化（unification）

---

4) なお，話者モデルと聞き手モデルのハイブリッド分析法は，チョムスキー（Chomsky, 1995）の語形変化（動詞の活用，名詞・代名詞の屈折等）がシンタクスの計算の前に Lexicon の中で起こるという分析（lexicalist hypothesis（語彙論仮説））と互換性があるが，話者モデルのみチョムスキー（Chomsky, 2001；チョムスキー，2004）の Agree により語形変化がシンタクスで行われる distributed morphology と呼ばれる分析法にも適応できる。ホーンスティンら（2005：325-329）は，これらのアプローチを比べ，「どちらも，基本的には理論的にカバーする範囲が同じであり，…どちらの方法が，移動現象を扱うのに適しているのか決定するのは時期尚早である（"two approaches have basically the same empirical coverage, …and it's too early to see which of these alternative approaches to cover movement is on the right track …"）」と主張する。一方，エモンズ（Emonds, 2000）の Syntacticon 理論は，全ての語形変化はシンタクスで行われるという理論を展開する。

（Shieber, 1986）を行える。このパーザでは，以下に示すように，チョムスキー（Chomsky, 1994）の最小句構造（Bare Phrase Structure）の分析法が適応できるようになる。上記した様に，単語の中の素性に基づき，文の生成は，2つの単語または単語の組み合わせを連結するマージ（Merge）と呼ばれる操作，単語または単語の組み合わせを移動させるムーヴという操作，理解不可能素性をアグリーにより決定するという操作等によって行われる。

第 6 節　マージ（Merge）の解析

　チョムスキー（Chomsky, 1994）の最小句構造（Bare Phrase Structure）の分析法によれば，マージの操作は，必ず，2つのターム（term：構成素と同義）と呼ばれる単語または単語の集まり X と Y を連結（concatenate）し，3つのタームを含む数学的集合 |X, |X, Y|| を作ることである。単語自体も素性が集まった集合と考える[5]。

　極小理論的思考法によれば，何かシンタクスの操作が起こる場合は，それなりの起こる理由が存在すると考える方が自然であるとする。ここでは，アジャー（Adger, 2003）と同様に，マージおよびムーヴ双方とも単語の中の素性が引き起こすと提唱する。具体的には，ある句の主要部（head）のタームになる単語が，その補部（complement：つまり，head タームの目的語），または，その指定部（specifier：head タームの前に起こるもの）を必要とするかという情報が単語の素性（c-selection（範疇選択）と呼ばれる）として含まれていて，その素性は理解不可能であり，その理解不可能素性を判明して消すために，適切な単語または単語の集まりとマージすると考える。この c-selection（範疇選択）とは，下位範疇化（subcategorization）と同義であるが，本章では補部だけではなく指定部も含む（Adger, 2003）。

　（4）で示すように，全ての句は，その句の主要部（head）の周りに以下のような指定部と補部の二重の階層をもつ可能性をもつ。これを，X バー理論といったが，チョムスキー（Chomsky, 1994, 1995）の最小句構造の分析法によれば，

---

5) チョムスキー（Chosmky, 1994: 12）は次のようにターム（term）を定義する。
　For any structure K,
　i. K is a term of K (the entire set or tree is a term), and
　ii. if L is a term of K, then the members of the members of L are terms of K.

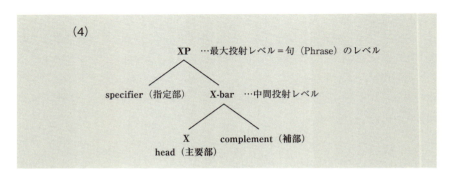

Inclusiveness Condition（包括性条件：つまり，語彙の素性情報にない構造は作らない）に従い，不必要な部分は書かないようになった（以下の（7）と（9）を参照のこと）。XP の X は変項であり，例えば，DP，TP 等の全ての範疇を指し，それらの範疇は（4）のように最大投射レベル（maximal projection）と中間投射レベル（intermediate projection）の構造をもてる。

　例えば，read it（それを読む）という動詞句（VP）において，その head タームである read は，it という目的語である補部（complement）を必要とする。技術的には，read という他動詞は，その補部を取るための範疇選択する理解不可能素性 [CF *u*D]（CF = Complement Feature, *u*D = uninterpretable Determiner）をもつと仮定する。目的語の it は，[CAT D]（CAT = Category, D = Determiner）という素性をもっているので，動詞 read の [CF *u*D] の値と照合するために，[CAT D] という素性をもっている it とマージすると考える。言い換えれば，主要部（head）の中の範疇選択する理解不可能素性がマージを引き起こすと仮定する。アジャー（Adger, 2003）は，範疇選択の関連性を示すために，（5）の句構造間の依存関係階層組織（Hierarchy of Projections）を示す[6]。

> (5)
> a．文の中の句構造の関連性：C＞T＞(Neg)＞(Perf)＞(Prog)＞(Pass)＞*v*＞V
> b．名詞の中の句構造の関連性：D＞(Poss)＞*n*＞N

　2 つのタームの連結を担当する基本操作であるマージは，パーザでは（6）のように捉えられる。順番を規定する文脈自由文法（context-free grammar）で使われる「→」の記号が現れるが，チョムスキーの最小句構造における連結操作は，順

不同の数学的集合を作り出すのであって，（6）の「→」の記号は，順番を規定しない。また，単語の素性の単一化を可能にするため，変数（variables）が使われるが，変数は接頭辞「？」を伴って使われている。例えば，「[CAT ?A]」は，品詞（CAT）は，どの品詞にでも相当するという意で使われる。先に言及した動詞句（VP）like it は，∥like, ∥like, it∥∥ と表し，最初の like は，レーベル（label：標示）と呼ばれ，この動詞句の head を示す。（6）で作られる操作は，マルコフィアン（Markovian；パーザは，現時点の情報のみ計算に使い，その前に行った計算やその後に起こる計算（look-ahead や look-back）を考慮に入れない）[7]によるものである。

　チョムスキーは，各分野の処理の自律命題（Autonomy Thesis）に基づき，シンタクスの計算には，音声・音韻的素性や意味的素性はそれらの役割を果たさず，形式素性（formal features）と呼ばれる統語的素性のみが影響するとする。それゆえ，音声・音韻的素性や意味的素性，本文中の議論に無関係な素性は，（6）でみられるような「…」で省略する。

　チョムスキー（Chomsky, 1994, 1995）では，句（phrase）は，（7）のような2重の階層構造を持つ可能性があり，どの階層に相当するかは，派生的に決定する。句のレベル（XP）を，単語の最大投射（maximal projection），中間のレベル（X-bar）を中間投射（intermediate projection），単語のレベル（X）を最小投射

---

6)（5）で，C は Complementizer（補文標識），T は Tense（時制），v は軽動詞，V は Verb，D は Determiner（限定詞），n と N は名詞のカテゴリーを指す。（　）で括られた随意的範疇の Neg は Negation Phrase（否定詞句），Perf は Perfective Phrase（完了詞句），Prog は Progressive Phrase（進行詞句），Pass は Passive Phrase（受動詞句），Poss は Possessive Phrase（所有詞句）を形成する。アジャー（Adger, 2003: 333）は，「ある語彙がそれを範疇選択する head タームとマージする前に，その語彙のすべての範疇選択する素性（[-interpretable]，つまり理解不可能素性）は，適切な素性と一致させ消去されなければならない（…all the c-selectional features of an element have to be checked before that element is merged with a c-selecting head term, which is expressed in terms of [- interpretive] feature matching.)」と提唱する。

7)（6）は，チョムスキー（Chomsky, 1994）の最小句構造（Bare Phrase Structure）の分析法に従い，順番を指定しない数学的集合を扱っている。しかし，ケイン（Kayne, 1994）が論じるように言語の普遍的基本語順が head が最初に現われるのか，またはエモンズ（Emonds, 2006）のように形態素の Right-hand Head Rule の原則を反映しシンタクスでも普遍的に head が最後にくるのであれば，順番を規定する文脈自由文法でも扱えるようになる。

(6)

```
|{[CAT ?A][LEVEL ?L]...[PF ?X]|            /* concatenation of two terms |like| and |it| */
|CF:[CF uD][CASE uAcc]...|
|SF:[SF uD][CASE uNom]|}
|{[CAT ?B] [LEVEL ?K] [TYPE pron]
   [P ?P][N ?N][G ?G][CASE Acc][PF ?Y]|
|CF:[CF nil]...| |SF:[SF nil]...|}
```

(UNLESS   /* restrictions stated in terms of features */

```
    (OR (IF (OR (AND (EQ ?L (+MIN-MAX))         /* (8a/8b) */
                (OR (EQ ?K (+MIN-MAX))
                    (EQ ?K (-MIN+MAX))))
            (AND (OR (EQ ?L (+MIN-MAX))          /* (8c/8d) */
                    (EQ ?L (-MIN+MAX)))
                (EQ ?K (+MIN-MAX)))
            (AND (OR (EQ ?L (-MIN+MAX))          /* (8e/8f) */
                    (EQ ?L (+MIN-MAX)))
                (EQ ?K (-MIN-MAX))))
            (PRINT (?LL (-MIN+MAX))))
        (IF (AND (EQ ?L (+MIN-MAX))              /* (8g/8h) */
                (OR (EQ ?K (+MIN-MAX))
                    (EQ ?K (-MIN+MAX))))
            (PRINT (?LL (-MIN-MAX)))))
    (EXIT_ABORT))
```

→ ```
   |{[CAT ?A] [LEVEL ?LL]...[PF(?X ?Y)]| /* the set |like, |like, it| | */
   |CF: [CF uD] [CASE Acc]...|
   |SF: [SF uD][CASE uNom]...|
   |{[CAT ?A][LEVEL ?L][TNS ?T]...[PF ?X]|
            |CF: [CF uD] [CASE uAcc]...|
            |SF: [SF uD] [CASE uNom]...| |
   |{[CAT ?B][LEVEL ?K][TYPE pron][P ?P][N ?N]
       [G ?G][CASE Acc][PF ?Y]|
            |CF: [CF nil]...|
            |SF: [SF nil]...| |}
   ```

(7)

$$\textbf{XP} = [\text{LEVEL } (-\text{MIN}, +\text{MAX})] \ (\text{maximal projection})$$

|

$$\textbf{X-bar} = [\text{LEVEL } (-\text{MIN}, -\text{MAX})] \ (\text{intermediate projection})$$

|

$$\textbf{X} = [\text{LEVEL } (+\text{MIN}, -\text{MAX})] \ (\text{minimal projection } (\text{つまり, head}))$$
   ```

(minimal projection-head) と呼ぶ。それぞれ，（7）に示すように，「+/-Max (= maximal)」と「+/-Min (= minimal)」という素性を使って規定する。句の最大投射は，（8）のように定義できる（(8a) は，アジャー（Adger, 2003）から採用）。

(8) 句の最大投射X（[LEVEL（-MIN, +MAX)]）は，次のいずれかの場合に限られる；

　a）Xの中の全ての範疇選択する理解不可能素性が判明し取り除かれた場合，または

　b）XがYとアグリーし，YがXの範疇選択する理解不可能素性を取り除く時。

反対に，最小投射（つまり，[LEVEL（+MIN, -MAX)]）は，それ自体に範疇選択する理解不可能素性を保有し，他のタームとアグリーしその素性を削除しなくてはならないものである。その他は，全て中間投射になる。

（6）のルールの制約部分（つまり，(UNLESS から (EXIT_ABORT) の部分で指定された条件を満たさない時は，計算を中止 (EXIT_ABORT) する）は，（9）に示す全ての最小句構造理論で可能な連結パターン許す。(9a) から (9f) の組み次頁の合わせが可能な最大投射を，(9g) と (9h) の組み合わせが可能な中間投射を構成する。

チョムスキー（Chomsky, 1995: 231）によると，素性は上記したように，内在的なもの，または随意的なものに分けられる。本章では，CF (Complement Feature: 補部素性) は，内在的なもので，SF (Specifier Feature: 指定部素性) は，内在的なものと随意的なものに分かれるとする。例えば，他動詞と自動詞（swim, laugh 等の unergative 動詞）は，その動詞の投射の中に主語をもち（もし，VP Shell を使う分析法を用いれば，ｖの specifier は存在しなければいけない），また，主語繰り上げ動詞（*seem, appear* 等の raising 動詞），能格動詞（*remain, occur* 等の unaccusative 動詞），受動形動詞（*be kissed, be stolen* 等の他動詞の passive）のような動詞は，その動詞の投射の中に主語をもたない。

すなわち，前者は (SF D) のように，具体的SF（指定部素性）の値をもつが，一方後者は，SF の値をもってはいけないので (SF nil) ——SF の値がない——と考える。エプスティンとシーリー（Esptein & Seely, 2006）等は EPP (Extended Projection Principle：拡大投射原理) 素性の存在を否定するが，EPP 素性は，Tの中の [SF *u*D]，WH の移動を取り次ぐCと transitivev の中の [SF *u*WH] として

（9）

a. Head(minimal) + Complement(minimal)
   = Maximal Projection
       Z = [-MIN, +MAX]
            |
   |-----------------|
   X   Y
[+MIN, -MAX]   [+MIN, -MAX]

e. Specifier(maximal) + Intermediate Projection
   （以下の（g）または（h））= Maximal Projection
       Z = [-MIN, +MAX]
            |
   |-----------------|
   X   Y
[-MIN, +MAX]   [-MIN, -MAX]

b. Head(minimal) + Complement(maximal)
   = Maximal Projection
       Z = [-MIN, +MAX]
            |
   |-----------------|
   X   Y
[+MIN, -MAX]   [-MIN, +MAX]

f. Specifier(minimal) + Intermediate Projection
   （以下の（g）または（h））= Maximal Projection
       Z = [-MIN, +MAX]
            |
   |-----------------|
   X   Y
[+MIN, -MAX]   [-MIN, -MAX]

c. Specifier(minimal) + Head(minimal)
   = Maximal Projection
       Z = [-MIN, +MAX]
            |
   |-----------------|
   X   Y
[+MIN, -MAX]   [+MIN, -MAX]

g. Head(minimal) + Complement(minimal)
   = Intermediate Projection
       Z = [-MIN, -MAX]
            |
   |-----------------|
   X   Y
[+MIN, -MAX]   [+MIN, -MAX]

d. Specifier(maximal) + Head(minimal)
   = Maximal Projection
       Z = [-MIN, +MAX]
            |
   |-----------------|
   X   Y
[-MIN, +MAX]   [+MIN, -MAX]

h. Head(minimal) + Complement(maximal)
   = Intermediate Projection
       Z = [-MIN, -MAX]
            |
   |-----------------|
   X   Y
[+MIN, -MAX]   [-MIN, +MAX]

考えれば（アジャー（Adger, 2003）やラドフォード（Radford, 2004）等を参照），内在的な SF（指定部素性）と考えられる。また，随意的な SF は，head タームが，取っても取らなくてもよいもの（例，形容詞等）を取る時に起こるとする。

　つまり，マージは，ある単語の head タームが，範疇選択する理解不可能素性をもつ時に起こると仮定する（Adger, 2003）。この範疇選択する理解不可能素性を判明させ消去するために，その素性に相当する素性をもつ単語とマージすると考える。

　次のセクションで扱うムーヴが，広く提唱されるように強素性によって引き起こ

され，もしムーヴがコピー（Copy）とマージというプロセスに分解すべきなら（Chomsky, 2001），マージもある種の素性（つまり，ここでは範疇選択する理解不可能素性）によって引き起こされなければならない。ラズニクとウリアゲレカ（Lasnik & Uriagereka, 2005: 66）が論じるように，もしある種のシンタクスの操作が起こる時は，Universal Grammar（UG）が起こるべきして起こすと考える（if UG allows it, then it must apply）方が自然である。この分析法は，「全てのシンタクスの操作は，単語の素性に由来する（ALL syntactic operations are necessitated by（uninterpretable or strong）lexical features）」（Tajima, 2007）という極小理論のエコノミーの強い仮説を保持することを可能にする。

第 7 節　ムーヴ（Move）の解析

　上記したように，チョムスキーの生成派生モデルにおいては，WH 移動等の転移（displacement）は，上記（3）で示したように，元の場所からの Movement で説明されるが，ブロディー（Brody, 1997, 2003），ニールマンとヴァンデクート（Neelman & van de Koot, 2002），コスター（Koster, 2003）等の反派生の表示理論（representational theory）と呼ばれる理論は，この現象をムーヴではなく，他の方法で表す。生成派生モデル（話者モデル）と認識理解モデル（聞き手モデル）のハイブリッド理論の構築を目指す本章では，ムーヴの代わりに素性のコピーの操作を提唱する。

　具体的には，例えば，What can you read?（君は何を読めるのか）という文の分析において，その文を入力すると，パーザは（10）の構造を作る。（10）の樹形図の右側に，WH の移動および，助動詞 can の移動がどのように解析されるかが素性で示される[8]。

　説明を簡単にするため，（10）において，VP は VP と vP に分かれるという仮説（The VP Shell Hypothesis）を考慮せずに考える。ここで，どのように WH の移動および，助動詞 can の移動が分析できるか考える。構造は，一番下層から生成さ

8）いうまでもなく，話者モデルの極小理論では，具体的な入力は文ではなく，ある特定の数え上げ（Numeration）を用意する発話意図のようなものである。例えば，これからI am hungry という文を生成するという意図が，｛I1, BE1, hungry1｝というような数え上げを作り上げ，語彙内の情報を基に構造を作り，Agree によりIや BE の語形変化が決定する。

(10)

```
                CP
                │
        ┌───────┴───────┐
        D             C-bar              ……(CF what)
      〈what〉           │
                ┌───────┴───────┐
                C             TP          ……(CF uD) (T-head can)
                │              │
                T       ┌──────┴──────┐
                │       D          T-bar    ……(CF uD) (T-head uT) (SF you)
              〈can〉   〈you〉        │
                                    VP        ……(CF uD) (SF uD)
                                    │
                                    V         ……(CF uD) (SF uD)
                                  〈read〉
```

れるという分析法から，動詞 read は，他動詞なので（CF *u*D）という素性をもっていて，目的語を取る。しかし，その目的語は見つからないのでその素性（CF *u*D）は，V から VP に上げる。先に触れた主語繰り上げ動詞，能格動詞，受動形動詞のような主語を取らない動詞と違い，他動詞は主語を取り（（SF *u*D）という素性で示す），transitive VP を形成する。（CF *u*D）と（SF *u*D）という 2 つの素性は，VP の中で判明されないので，その上位投射にコピーし上げていく。上記（5）の句構造間の依存関係階層組織から，VP は T とマージされるべきだが，T がないので（T-Head *u*T）をその投射 T-bar がもつと考える。その T-bar に，主語の you がマージし TP（文）を構成する。（SF *u*D）という素性は，T-bar が主語（specifier）の you とマージして TP を作る時，その値は判明し削除される（(SF you) で示す）。can は，（CAT T）という素性をもっているが，上記（5）の句構造間の依存関係階層組織から，（CAT C）になるがその head タームは，（C-Head null）という素性をもつとする。この（CAT C）が TP とマージする時点で（T-Head *u*T）の素性が can と判明し消去されると仮定し，(T-Head can) と示す。（CAT C）が TP とマージし，C-bar を構成する。この C-bar は what とマージし CP を作る。what は，（CAT D）という素性をもっているので，動詞 read の（CF *u*D）という素性とマッチ（照合）し，消去される（(CF who) と示す）と仮定する。この CP において，全ての理解不可能な範疇選択する素性（つまり，（SF *u*D），（CF *u*D）と（T-Head *u*T））は，消去され文法的な文（converge する）になる。このように，WH の移動および，助動詞 can の移動が分析できる。

（10）において，枝分かれしない構造（unary branching）が生じるが，基本的には極小理論で広く採用されている 2 つの枝分かれ構造の仮説（The Binary Branching Hypothesis）は，この分析法でも矛盾しないと主張する。なぜなら，枝分かれしない構造が生じる場合は，本来 2 つに枝分かれする構造で，そのマージすべき単語または単語の集まり（ターム）がそこに存在しない場合である。自然言語の構造において 2 つ以上の枝分かれ構造が起こらないとするこの仮説が正しいからこそ，本来 2 つに枝分かれすべきところに枝分かれが起こらないという現象が何かが起こっていることを示唆する。

つまり，WH 移動等の転移は，次のように考える。理解不可能な範疇選択する素性はマージを引き起こすが，もしマージすべきものが見つからない場合は，最終手段（last resort）として，その素性を枝分かれせずにその単語の上位投射にコピー（copy）する。このコピーの操作は，エイベルズ（Abels, 2003）の uniform（または，quasi-uniform）paths を形成し，80 年代にパーコレーション（percolation）と呼ばれたものと同じものである（Nishigauchi, 1985）。上位投射へのコピーは，フェーズと呼ばれる局所的なドメインの中で起こり，照合させるべき素性をもった単語が見つかり，その残ってはいけない理解不可能素性を消去するまで，何回も繰り返しコピーできると考える。これが，転移の解析法だとすると，マージとムーヴは自ずと自然に同等に捉える事ができる。

この分析法で，（11）の文を考えてみる（文頭の「*」は，文法的誤りを示す）。

（11）

a．*The student will read ＿ .

b．*Will the student read ＿ ?

c．*What will the student read magazines?

d．*Which book did the little girl laugh?

（11）の 4 文とも文法的には誤りである。（11a）と（11b）では，目的語を必要とする他動詞 read は，理解不可能な（CF uD）という素性をもっているが，それが判明されず削除されないので非文になる。また，（11c）と（11d）は，論理学でいう vacuous quantification（すなわち，（CF uD）という素性がないのに，what という演算子（operator）が文の外に存在する）によって誤りになる。

なお，付加（Adjunction）構造は，「誰もが直面する永久の問題（"everyone's

perennial trouble maker")」（Lasnik & Uriagereka, 2005: 280）なのでここでは言及しない。付加構造は，チョムスキー（Chomsky, 1994）は，レーベルが ordered-pair（順番を持った集合）として ｛〈X, X〉, ｛X, Y｝｝ のように定義する。

　枝分かれしない構造（unary branching）が生じる場合は，（12a）と（12b）のように理解不可能な範疇選択する素性がそのまま枝分かれせずにその単語の上位投射にコピー（copy）される場合，または，（12c）と（12d）のように必要な head タームが存在しない場合は，新たな素性が挿入される可能性がある。この場合，UG は，次の2つの状況を許す。head タームが存在しないのか（例，（D-Head null）：（12c）のように DP の仮説を適応する場合），または，head タームが移動した場合（例，（12d）のように（T-Head *u*T））が存在する可能性がある。

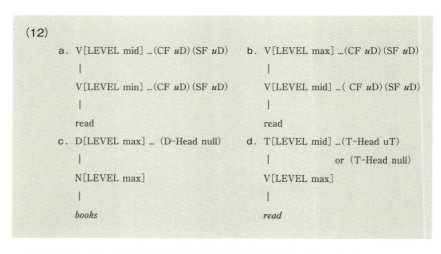

(12)

a. V[LEVEL mid] …(CF *u*D)(SF *u*D)
|
V[LEVEL min] …(CF *u*D)(SF *u*D)
|
read

b. V[LEVEL max] …(CF *u*D)(SF *u*D)
|
V[LEVEL mid] …(CF *u*D)(SF *u*D)
|
read

c. D[LEVEL max] … (D-Head null)
|
N[LEVEL max]
|
books

d. T[LEVEL mid] …(T-Head uT)
| or（T-Head null）
V[LEVEL max]
|
read

　基本的には，2つに枝分かれする構造を生成するには，先の（5）のルールのみで扱えるが，（12）のような枝分かれしない構造を扱うには，次の2つの場合を扱うルールが必要になる。あるタームの範疇選択する理解不可能素性が判明できない時（つまり，マージすべき時にできない時で素性をそのままコピーして上げる場合）は，[LEVEL ?L] の調整（具体的には，[LEVEL（+min, -max）] → [LEVEL（-min, -max）]，および，[LEVEL（-min, -max）] → [LEVEL（-min, +max）]）が必要になる。また，範疇選択する理解不可能素性ではない時は，あるタームが，[LEVEL（-min, -max）] であったら，（5）の句構造間の依存関係階層組織に従い，（T-Head null）か（T-Head *u*T）のような新たな素性を挿入するが，ここではス

ペースの関係で詳細は省略する。

　この理解不可能素性を上位投射にコピーしていく分析法は，自然言語処理でよく用いられる GPSG や HPSG と呼ばれる理論のスラッシュ表記（slash notation）にも似ているといえるかもしれないが，スラッシュ表記とは基本的に違い，本章における理解不可能素性を上げていく方法は，素性の性質および，2 つの枝分かれの仮説から導き出されたもので，次のセクションでみていくように，ムーヴのみならずいろいろな現象を同様に取り扱うことができる。次に，ここでみた分析法が，束縛規則（Binding Conditions）にも適応できることを示す。

第8節　構成素統御を使わない束縛規則の解析

　生成文法の歴史の中で，下に定義する構成素統御（c-command）や局所性（locality）等の性質を示す束縛（Binding）と移動（Movement）をいかに同様に扱えるかの試みは，以前からみられる。チョムスキー（Chomsky, 1995: Chap. 1）は，束縛規則は LF という意味理解の計算を行うレベルで適応され，照応形（anaphor）と呼ばれる再帰代名詞（reflexive pronouns）や相互代名詞（reciprocal pronouns）をそれらの先行詞（antecedents）の場所まで移動させる方法を紹介する。ここでは，理解不可能な phi-features と呼ばれる人称（Person）／数（Number）／性別（Gender）の素性を上位投射にコピーしていく方法で，束縛と移動が同様に扱えることを示す。

　束縛と移動が，満たさなければならない一つの重要な条件は，ラインハート（Reinhart, 1976）が最初に提唱した構成素統御（c-command）と呼ばれる概念で，(13) のように定義できる。

> (13) 構成素統御：次の場合 α は β を構成素統御できる；(i) β が α と「姉妹の関係（つまり，2 つの枝分かれ構造において隣り合わせ）」をもつ場合，または，(ii) γ が α と「姉妹の関係」にあり，β が γ に含まれる場合。
> （α c-commands β iff (i) β is a sister of α, or (ii) α is a sister of γ and γ dominates β.）　　　　　　　　　　　　　　（Hornstein et al., 2005）

　照応形とその先行詞は，(14) の制約を満たさなければならない。ここではラズニクとウリアゲレカ（2005）のアグリー（probe（探査要素と呼ばれる素性の照合

が必要なターム）と goal（目標要素と呼ばれる素性を与える側のターム）双方の
phi-features の一致）の考え方に則った定義を紹介する。

> （14）a．照応形は，それを構成素統御する先行詞と同じドメインＤの中に存
> 在する。（An anaphor has a c-commanding antecedent in D）
> b．Ｙに対する束縛関係が成立するドメインＤをＸとし，ＺをＹの探査要素
> とすると，ＸはＹとＺを含む最小の最大投射になる。
> （X is the binding domain D for Y iff X is the minimal maximal projection
> which includes Y and Z, where Z is Y's probe.）

（14a）は，チョムスキー（Chomsky, 1981, 1995）等では束縛規則Ａ（Binding
Condition A）と呼ばれるものに相当する。（14b）は，照応形とその先行詞が同じ
ドメイン内になくてはいけないことを規定するが，ラズニクとウリアゲレカ
（Lasnik & Uriagereka, 2005）は，そのドメインはフェーズに相当し，基本的にこ
こでは，照応形とその先行詞が同節内に起こる（clause mate）とする[9]。
　エプスティンら（Epstein et al., 1998: 273）は，マージによる２つの枝分かれ構
造を bottom-up に派生的に生成する統語関係が構成素統御の規定する条件（つま
り，（ⅰ）βがαと姉妹の関係をもつこと，（ⅱ）γがαと「姉妹の関係」にあり，
βがγに含まれる場合，（ⅲ）αは自分自身を構成素統御しないこと，（ⅳ）α自身
がβを含まないこと）をどのように包摂するか説明している。本章では，エプステ
ィンら（Epstein et al., 1998）とエプスティンとシーリー（Epstein & Seely, 2006）
の提唱する強度派生普遍規則モデルに基づき，構成素統御を用いない（15）の束縛
規定を提唱する。

> （15）αが先行詞になりうるタームでβが照応形の理解不可能素性を含むター
> ムである場合，αとβがマージする時点で，αとβの phi-features（人
> 称，数，性別）の素性が一致し，αとβの間にフェーズが存在しない時
> に，束縛関係が成立する。

---

9) どの範疇がフェーズに相当するのか，またどのようにフェーズを定義するのかは，こ
こでは詳細は省略するが，最近の考察に関してはブックス（Boeckx, 2008）やチョム
スキー（Chomsky, 2008）を参照のこと。

　例えば，再帰代名詞の herself は，次のような理解不可能な phi-features（[P u3rd]［N *u*Sg]［G *u*Fem]）をもつと定義できる（*u*3rd = uninterpretable 3rd-person, *u*Sg = uninterpretable singular, *u*Fem = uninterpretable feminine）。

(16) herself=｛[CAT D]［P *u*3rd]［N *u*Sg]［G *u*Fem]…[PF herself]｝

　この理解不可能な3人称単数女性形という（[P *u*3rd]［N *u*Sg]［G *u*Fem]）の素性は，その上位投射が照合する素性をもつ先行詞とマージするまで，上にコピーしていく。ムーヴの時と同様に，フェーズと呼ばれる局所的なドメインの中（上記（14b）の定義では，照応形とその先行詞が同じ節内に起こらなければならない）で，適切な素性をもった先行詞が見つからなければ束縛関係は成立しない。（17）の例文でこのプロセスを考えてみよう。

(17)　a．The president has recommended *herself* for the post.
　　　　（大統領は，自分をその職に推薦した。）
　　　b．*Hilary has recommended *himself* for the post.
　　　　（ヒラリーは，（彼）自身をその職に推薦した。）
　　　c．*Hilary wonders if George has recommended *herself* for the post.
　　　　（ヒラリーは，ジョージが（彼女）自身をその職に推薦したかどうか疑問をもっている。）

　（17）の中では，（17a）のみが，そのシンタクスの計算において文法的な出力に辿り着く。（17a）をその樹形図（18）で考えてみる。目的語の herself は，（[P *u*3rd]［N *u*Sg]［G *u*Fem]）という理解不可能素性をもっているとする。これらの理解不可能素性を判明し削除するために，VP にコピーする。しかし，まだこれらの理解不可能素性を判明する適当な先行詞は VP の中には見つからないので，さらに VP の上の T-bar にコピーする。T-bar の中にも適当な先行詞は見つからないが，この T-bar が主語の DP とマージする時，その主語 the president のもつ（[P 3rd]［N Sg]［G Fem]）とマッチでき，これらの理解不可能素性を照合し削除できる。（15）の束縛規定により，再帰代名詞 herself の先行詞が the president と判明し，束縛関係が成立する。パーザが作る（18）の樹形図の右側にそのプロセスを示す。

(18)

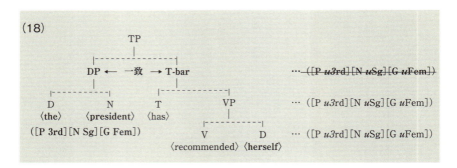

（17b）が文法的でない理由は，himself の理解不可能素性（[P u3rd] [N uSg] [G uMasc]）が，先行詞 Hilary の素性 [G Fem] と一致しないからである（uMacs = uninterpretable Masculine（男性形））。（17c）が文法的でない理由は，herself は従属節（if George recommends *herself* for the post）の中にあり，herself の（[P u3rd] [N uSg] [G uFem]）という理解不可能素性は，従属節（つまり，フェーズ）を超えてコピーできない（（14b）の定義）ので，主節主語の Hilary のもつ（[P u3rd] [N uSg] [G uFem]）とマッチできないので非文となる。

　本章の提唱するところの束縛理論は，構造を作っていく過程で照応形の理解不可能素性を上位投射にコピーしていき，適切な素性をもつ先行詞とマージする時点で，照応形の素性と先行詞の素性を照合させ束縛関係を成立させる。この手法は，基本的には，エプスティンら（Epstein, 1998）とエプスティンとシーリー（Epstein & Seely, 2006）の提唱する強度派生モデルに適合し，ラズニク（Lasnik, 2001）の言葉を使えば，ベレッティとリッジ（Belletti & Rizzi, 1988）が論じたように，束縛規則Aはオンライン（Online）で成立するといえる。

　次に，構成素統御の妥当性を（19）の2文を使って考える。

(19) a. The president congratulated herself.
　　　　（大統領は自分を祝福した。）
　　 b. *Supporters of the president congratulated herself.
　　　　（大統領の支持者は自分を祝福した。）

　（19b）の文が非文である理由は，生成文法（Reinhart, 1976; Chomsky, 1981 等）において，先行詞である the president が，照応形 herself を構成素統御しないから

とされる。一方，（19a）の文では，先行詞である the president が，照応形 herself を構成素統御するので，文法的である。しかし，（18）でみたように，派生的に構造を作っていく過程で，素性を上位投射にコピーしていく方法を取れば，（19a）と（19b）の違いを説明するのに構成素統御は必要ないと本章は提唱する。この方法で，非文である（19b）の文を（20）の樹形図で考えてみる。

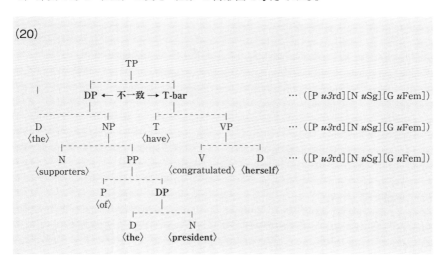

（20）

目的語の herself の理解不可能素性をそれぞれ VP，T-bar にコピーしていく。主語の the supporters of the president は，（[P 3rd] [N Plural] [G nil]）——3 人称，複数，性別不定（ここでは，[G nil] で表す）であり，the president の（[P 3rd] [N Sg] [G Fem]）ではない。よって，herself の理解不可能素性は，主語のもつ素性と照合せず（具体的には，herself の [N uSg] [G uFem] と主語の [N Plural] [G nil] が一致しない），削除されることなく理解不可能素性が残ってしまう。換言すれば，主語 DP の head タームは，supporters の素性であり，the president のそれでない。結果として，本章では構成素統御という概念を使わずに，（19b）が非文であることを派生的に説明することができると主張する。

　チョムスキー（Chomsky, 1995）が提唱するような LF において，構成素統御（c-command）を用いて束縛規則を適応する方法（すなわち，表示理論に当たる）を本章は否定する。Virtual Conceptual Necessity に従い，派生に基づいた理論（derivational theory）においては，構成素統御（c-command）は必要ないものに

なる[10)]。

第9節　統一的分析法を目指して

　以上，マージ，ムーヴと束縛規則が理解不可能素性のコピーとして統一的に考えられることを示した。構成素統御がムーブと束縛規則において重要な役割を果たすとされるが，素性を上位階層にコピーしていく分析法を取れば，構成素統御は不要な概念になる。他の典型的な構成素統御が必要な構造（Hornstein et al., 2005）である束縛変項代名詞（bound variable pronouns：論理式で「∀」で示す全称的数量詞が構成素統御する代名詞理解）や否定極性表現の許可（Negative Polarity Item Licensing: any のような語彙は否定表現に構成素統御される），また PRO と表される不定詞節主語の発音されない（聞こえない）代名詞を扱うコントロール理論（Control Theory）等にも適応できる（詳しくは Tajima（2007）を参照のこと）。

第10節　さいごに

　本章の目的は，チョムスキーのデカルト・ガリレオの科学伝統に基づく極小理論が，本書の主題の「健康的」なものに相当するという前提のもとに，文の生成理解プロセスを数学的に捉え，具体的にコンピュータ上に実装を試みた。チョムスキーの極小理論が話者モデルに特化しているのに対し，本章は，聞き手モデルにも適合するハイブリッドなモデルを提唱した。「素性移動の仮説」に基づき，語彙の素性の性質（つまり，理解不可能素性）を基にマージ，ムーヴ，束縛規則等シンタクスにおけるいろいろな操作の統一的処理システムを目指した。原理／制約に基づくパージング解析法とは異なり，本章はより最新の極小理論の展開に則した強度派生普遍規則モデルを紹介した。これにより，チョムスキー（Chomsky, 2001）以降の複

---

10) いうまでもなく，パーザは，'The soldiers shot the boy with guns' にみられるような構造の曖昧性（「兵隊が銃で少年を撃った」のか「兵隊が銃を持った少年を撃った」の2通りの意を持つ）を予測できるように，（ i ）と（ ii ）のような束縛における曖昧性も判明できる。これらは，2通りの同様にエコノミカルな計算が成立（converge）するといえる（cf. Lasnik, 2001）。
　（ i ）Dryads told Nereids stories about himself.
　（ ii ）Which pictures of herself did [Pecola think [Claudia had lost]]?

数回領域接触モデルと矛盾しないコンピュータによる解析法になる。

【引用・参考文献】

Abels, K. (2003). *Successive-cyclicity, anti-locality, and adposition stranding.* Ph.D. Thesis, University of Connecticut-Storrs.

Adger, D. (2003). *Core syntax: A minimalist approach.* Oxford: Oxford University Press.

Allen, J. (1995). *Natural language understanding* (2nd ed.). Englewood Cliffs, NJ: The Benjamin/Cummings Publishing.

Belletti, A., & Rizzi, L. (1988). Psych-verbs and theta theory. *Natural Language and Linguistic Theory, 6,* 291-352.

Bennett, P. (1995). *A course in generalized phrase structure grammar.* London: UCL Press.

Berwick, R., & Fong, S. (1995). A quarter century of computation with transformational grammar. In J. Cole, G. M. Green, & J. L. Morgan (Eds.), *Linguistics and computation* (pp. 103-142). Stanford, CA: Center for the Study of Language and Information.

Berwick, R, Abney, S. P., & Tenny, C. (1999). *Principle-based parsing: Computation and psycholinguistics.* Dordrecht, The Netherland; Boston, MA: Kluwer Academic Press.

Boeckx, C. 2006 *Linguistic minimalism: Origins, concepts, methods, and aims.* Oxford: Oxford University Press.

Boeckx, C. (2008a). Bare syntax. Oxford: Oxford University Press.

Boeckx, C. (2008b). *Understanding minimalist syntax: Lessons from locality in long-distance dependencies.* Oxford: Blackwell Publishers.

Boeckx, C., & Piattelli-Palmarini, M. (2005). Language as a natural object: Linguistics as a natural science. *The Linguistic Review, 22,* 447-466.

Brody, M. (1995). *Lexico-logical from: A radically minimalist theory.* Cambridge, MA: The MIT Press.

Brody, M. (2003). *Towards an elegant syntax.* London: Routledge.

Chomsky, N. (1959). A review of B. F. Skinner's verbal behavior. *Language, 35,* 26-58.

Chomsky, N. (1965). *Aspects of the theory of syntax.* Cambridge, MA: The MIT Press.

Chomsky, N. (1966). *Cartesian linguistics: A chapter in the history of rationalist thought.* New York: Harper and Row Publishers.

Chomsky, N. (1981). *Lectures on government and binding.* Dordrecht, The Netherland; Cinnaminson, NJ: Foris.

Chomsky, N. (1994). *Bare phrase structure.* Cambridge, MA: The MIT Press.

Chomsky, N. (1995). *The minimalist program.* Cambridge, MA: The MIT Press.

Chomsky, N. (2000a). *New horizons in the study of language and mind.* Cambridge, UK; New York: Cambridge University Press.

Chomsky, N. (2000b). Minimalist inquiries: The framework. In R. Martin, D. Michaels, & J. Uriagereka (Eds.), *Step-by-step* (pp. 89-155). Cambridge, MA: The MIT Press.

Chomsky, N. (2001). Derivation by phase. In M. Kenstowics (Ed.), *Ken Hale: A life in language* (pp. 1-52). Cambridge, MA: The MIT Press.

Chomsky, N. (2002). *On language and nature: With an essay on "The secular priesthood and the perils of democracy".* Cambridge: Cambridge University Press.

チョムスキー，N. 福井直樹・辻子美保子（訳）（2003）．生成文法の企て　岩波書店

Chomsky, N. (2004a). *Biolinguistics and the human capacity*. Lecture delivered at MTA, Budapest（May 17, 2004).

Chomsky, N. (2004b). Beyond explanatory adequacy. In A. Belletti（Ed.）, *Structures and beyond*（pp. 104-131). Oxford: Oxford University Press.

Chomsky, N. (2005). Three factors in language design. *Linguistic Inquiry, 36*, 1-22.

Chomsky, N. (2008). On phases. In R. Freidin, C. Otero, & M. Zubizarreta（Eds.）, *Foundational issues in linguistic theory: Essays in honor of Jean-Roger Vergnaud*（pp. 133-166). Cambridge, MA: The MIT Press.

Emonds, J. E.（2000）．*Lexicon and grammar: The English syntacticon*. Berlin; New York: Mouton de Gruyter.

Emonds, J. E.（2006）．Three levels of insertion in a phrasal domain: English nominalizing suffixes. Talk presented at Mie University Symposium, Mie, Japan.

Epstein, S. D., et al.（1998）．*A derivational approach to syntactic relations*. Oxford: Oxford University Press.

Epstein, S. D., & Seely, T. D.（2006）．*Derivations in minimalism*. Cambridge, U. K.; New York: Cambridge University Press.

福井直樹（2001）．自然科学としての言語学　大修館書店

Gallistel, R. C.（2005）．The nature of learning and the functional architecture of the brain. In *Proceedings of the International Congress of Psychology*. London: Psychology Press.

Gazdar, G., et al.（1985）．*Generalized phrase structure grammar*. Cambridge, MA: Harvard University Press.

Gunji, T., & Hasida, K.（1998）．*Topic in constraint-based grammar of Japanese*. Dordrecht, The Netherland: Kluwer Academic Publishers.

Hornstein, N., Nunes, J., & Grohmann, K.（2005）．*Understanding minimalism*. Oxford: Blackwell Publishers.

Hinzen, W.（2006）．*Mind design and minimal syntax*. Oxford: Oxford University Press.

Kayne, R. S.（1994）．*The antisymmetry of syntax*. Cambridge, MA: The MIT Press.

Koster, J.（2003）．*The configurational matrix*. Ms. University of Groningen.

Lasnik, H.（2001）．Derivation vs. representation in modern transformational syntax. In M. Baltin, & C. Collins（Eds.）, *The handbook of contemporary syntactic theory*（pp. 197-217). Oxford: Blackwell Publishers.

Lasnik, H., & Uriagereka, J.（2005）．*A course in minimalist syntax: Foundation and prospects*. Oxford: Blackwell Publishers.

Levine, R., & Meurers, W. D.（2006）．Head-driven phrase structure grammar: Linguistic approach, formal foundations, and computational realization. In K. Brown（Ed.）, *Encyclopedia of language and linguistics*（2nd ed., pp. 237-252). Oxford: Elsevier.

Lenneberg, E. 1967 *Biological foundations of language*. New York: John Wiley & Sons.

Lightfoot, D.（1991）．*How to set parameters: Arguments from language change*. Cambridge, MA: The MIT Press.

Marantz, A., Miyashita, Y., & O'Neil, W.（2000）．*Image, language and brain: Papers from the first mind articulation project symposium*. Cambridge, MA: The MIT Press.

McGilvray, J.（2005）．Introduction. In J. McGilvray（Ed.）, *The Cambridge Companion to Chomsky*（pp. 1-21). Cambridge, UK; New York: Cambridge University Press.

Meyers, A. (1994). *A unification-based approach to government and binding theory*. Ph.D. Thesis. New York University.

中村　捷・金子義明・菊池　朗 (2001). 生成文法の新展開―ミニマリスト・プログラム 研究社出版

Neeleman, A. & van de Koot, H. (2002). The configurational matrix. *Linguistic Inquiry, 33,* 529-574.

Nishigauchi, T. (1985). *Quantification in syntax*. Ph.D. Thesis, University of Massachusetts, Amherst.

Pinker, S., & Bloom, P. (1990). Natural language and natural selection. *Behavioral and Brain Science, 13,* 707-726.

Pollard, C., & Sag, I. A. (1994). *Head-driven phrase structure grammar*. Chicago: University of Chicago Press.

Radford, A. (1997). *Syntax: A minimalist introduction*. Cambridge, UK; New York: Cambridge University Press.

Radford, A. (2004). *Minimalist syntax: Exploring the structure of English*. Cambridge, UK; New York: Cambridge University Press.

Reinhart, T. (1976). *The syntactic domain of anaphora*. Ph.D. Thesis, MIT.

Shieber, S. (1986). *An introduction to unification-based approaches to grammar*. Stanford: Center for the Study of Language and Information, Stanford University.

Stabler, E. (1992). *The logical approach to syntax: Foundations, specifications, and implementations of theories of government and binding*. Cambridge, MA: The MIT Press.

Tajima, K. 2007　Computational C$_{HL}$: A computational implementation of minimalist syntax. *Kobe College Studies, 54,* 1-15.

Uriagereka, J. (1999). Multiple spell-out. In S. D. Epstein, & N. Hornstein (Eds.), *Working minimalism* (pp. 251-282). Cambridge, MA: The MIT Press.

04 情報を組織化する手段としての身体

比較言語学的概観

Ryan D. Klint／山　祐嗣［訳］

第1節　はじめに

　わたしがこの THEIST の研究会に誘われたとき，言語学が「健康的存在」の追及にどのようにして貢献できるのかについて自信がなかった。実際，言語学が主に関心を払っているのは言語がどのように作用するかを記述することであり，それは，言語体系が健康かどうかといった価値的な判断なしに行なわれている。言語学者は，全ての言語は精巧でかつ意味を符号化することができると信じている。

　しかし，わたしは健康と言語の概念を考え続けながら，言語の発展における人間の身体の重要性に惹きつけられた。身体の部分を記述するために言語が用いているこの用語は，しばしば，いや実際にはほとんど常に身体以外の意味を記述している。まず，英語の「頭（*head*）」という単語を考えてみよう。「頭（*head*）」という語は，図 4-1 の，ジョージ・ワシントンの絵に示されるように，基本的には頭蓋を含む部

彼の頭（head）　　　　鉛筆の先（頭：head）　　　少年の前方（ahead）

図 4-1　頭（head）の拡張

分を指し示している。また，この語は鉛筆の先端を意味することもでき，さらには，「前方（*ahead*）」という語のように，ある人物の前方の部分を意味することも可能である。このように，身体部位語（body-part term）は，明らかに人間の身体そのものとはかけ離れた概念を指し示すことができる。身体部位語の意味は，認知的に何らかの意味で関連している概念にまで拡張されている。この過程は，身体部位語の何らかの魅力的な使用の結果生じている。

さまざまな言語において身体部位語の拡張が頻繁にみられるという事実は，人間が現実世界の情報をモデル化するのに身体意識がいかに役立っているかを示している。3,000 語以上という信じられないほどの言語の多様性にもかかわらず，すべての人類は同一の生理機能と感覚を共有している。わたしたちの身体部位語の使用は，身体の感覚的な意識に深く根ざしている。スーダン中央地域で使用されているマンブ（Mamvu）語の例を考察してみよう（Vorbichler, 1971: 231-232）（表 4-1）。

この言語の 1 から 5 までの数字は，人間の身体に関係していないが，6 以降の数字では，人間の身体が中心になっている。この観点から，*eli* という手を表わす身体部位語が，5 を指し示すように使用されていることがわかる。同様に，数字の 6 である *eli qode reli* は「手が 1 をつかむ」であり，計数を手に依存している過程を記述している。したがって，数字のこのような理解は，手を用いて数え上げる感覚的な経験に根ざしているといえる。計数システムとして人間の身体を用いるこの方式は，11 から 19 までの数字における *qani* という足を表わす身体部位語の使用にまで及んでいる。おそらくは，両手で 10 まで数えた後は，今度は足で数え続けるのであろう。人間は 10 本の手の指と足の指をもっているので，20 を表わす用語は，この様式に従って，*mudo ngburu reli*「人物全体」となる。

ここで，この基盤となっているのは，どこまで数えたかの跡をたどるのに指を使って数え上げるモデルである。どの指を伸ばしているか，あるいはいないかについての身体意識が，この基盤となっている感覚モデルである。このマンブ語の計数体系は，特別に平明なように思えるが，よく考えてみれば，英語の *digital* という用語でも，10 を基準にして，ある数学体系を記述するための指概念が用いられている。

第 2 節において，わたしは，パートノミー（partonomy），すなわち，身体部位語によって表わされる部分－全体関係がどのようにして認知的に理解されうるのかを議論しよう。また，第 3 節においては，このパートノミー関係が，空間的次元において，広義の空間の意味を含むようになるまで，どのようにして拡張されうるの

表4-1　マンブ（Mamvu）語における数字とその字義的意味

マンブ語	数字	字義通りの意味
reli	1	
jue	2	
jeno	3	
jeto	4	
jimbu	5	
eli qode reli	6	「手が1をつかむ」
elf qode jue	7	「手が2をつかむ」
jeto. jeto	8	「4，4」
eli qobo reli	9	「1がない手」
eli Bosi	10	「両手」
qaru qode reli	11	「足が1をつかむ」
qaru qode jue	12	「足が2をつかむ」
qaru qode jimbu	15	「足が5をつかむ」
qaru qode madya	16	「足が6をつかむ」
mudo ngburu reli	20	「人物全体」
mudo ngburu reli, ijuni qa reli	21	「人物全体，その上に1」
mudo ngburu reli, mudo-na-qiqa eli bosi	30	「人物全体，もう一人の人物，すべての手」
mudo ngburu jue	40	「2人の人物全体」
mudo ngburu jimbu	100	「5人の人物全体」

かを示そう。この空間的拡張は，実質的に全ての言語においてみられている。空間的意味を最大限まで拡げると，このパートノミー関係は崩壊し，身体部位語は2つの対象を別個のものとして，一方が他方の一部になるというよりも，両者の相対的位置を指し示すようになる。最後に第4節において，身体部位語が，さまざまな種類の関係を確立するのに，非空間的用法で使用されるいくつかのまれな例をあげてみたい。それらは，所有（possession），再帰（reflexivity），他動性（transitivity）の増大，論理的含意（logical entailment）である。

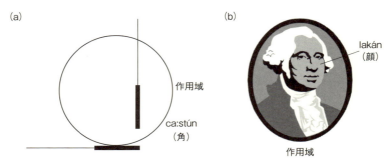

図 4-2　2 つの線と隅角（a）と頭部（b）

第 2 節　身体部位語の空間的拡張

■ 2-1　部分 - 全体関係

　部分は，全体なしには部分とはなりえない。部分 - 全体関係の文法についての多くの研究（Heine et al., 1993; Chappell & McGregor, 1996）がなされており，これらのうちの多くの文献では，身体全体に対する身体部位が扱われている。同様に，隅角は，交差する 2 本の直線なしには存在せず（図 4-2a），また顔も身体なしには存在しない（図 4-2b）。

　部分 - 全体関係についての研究の重要な一側面は，この関係の作用域（scope）である。ランネッカー（Langacker, 1993: 332）は，身体部位が理解されるのは，身体全体との関係においてではなく，直接作用域との関係においてであると主張している。例えば，爪の直接作用域は手であり，手の直接作用域は腕であろう。ランネッカーは，多くの合成語において，この作用域の重要性に注意を払っている。「指の爪（finger-nails）」や「目蓋（eye-lids）」などの合成語はたいへん一般的だが，「腕の爪（*arm-nails）」[1]や「顔蓋（*face-lids）」は，想像するのがはるかに困難である。これは，部分とその作用域の密接な関係によるもので，単に部分と全体の関係というわけではない。認知文法（cognitive grammar）においては，部分 - 全体関係は，身体部位の輪郭とこれを基にした作用域との関係で分析される。身体部位の作用域は，この部分 - 全体関係からの抽象化によって，より一層明白になってくる。

1）言語学の習慣として，「*」は，非文，非単語を表わす。

　もし，身体部位が実際に人間の身体全体としてのみ理解されたならば，身体部位語は，人間の身体自体に類似する対象の部分にだけにしか拡張されないはずである。人間と似た彫刻やおそらくはサルなどが，拡張に値する数少ない対象になるであろう。しかし，身体 – 部分のパートノミーが何らかの作用域としてとらえられるということが理解されるならば，わたしたちは，これらの身体部位語が人間以外の対象に拡張されるということを簡単に理解できる。

■ 2-2　身体部位語：字義通りの身体部位から人間以外の対象へ

　身体部位語がどのようにしてさまざまな対象に拡張されるのかを理解するために，いくつかの言語において，身体部位の字義通りの意味がどのようにして他の対象に拡張されるのかを検討してみよう。第 1 節で述べたように，英語の「頭（head）」という単語は，鉛筆に適用されると，先端という意味に拡張される。この拡張がどのようにして行なわれるのかについて，2 つの可能性がある。1 つは，身体部位語の「頭」の方向性に基づくものであり，もう 1 つは，その機能に基づくものである。「頭」と身体の空間的関係は，ほとんどの場合垂直で，普通に立ったり歩いたりしているときは，「頭」は身体の上にのっている。「頭」の身体に対する輪郭領域は，対象の最も高い位置として理解される。この関係の単純化されたスキーマ的表現は，図 5-3 に示される。スキーマとは，ある物事についての一般的・抽象的知識である。図 5-3 の右は，その最も高い位置にある輪郭領域とともに，垂直軸に沿って拡張されているある対象を示している。この対象の垂直方向への拡張が特定されて，「頭（head）」が，鉛筆の先端や人間の頭を記述することができるが，自動車のてっぺんや湖の表面を意味することはできない。しかし，鉛筆は常に垂直というわけでは

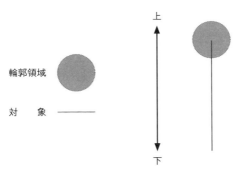

図 4-3　「頭（head）」のスキーマ的表現

ない。例えばテーブルの中にしまわれているときは，水平方向であり，また筆記に用いられているときは，垂直ではあるが，先端が最も低い位置になる。このことは，「頭（*head*）」のスキーマ的表現にとって問題であるが，同時に，身体部位の機能にわたしたちを着目させる。これは，身体部位語が対象に拡張されるもう1つの方法である。

　頭部は，人間の思考の部位である。わたしたちは，ある問題を考える時に，頭を掻いたりこすったりするが，おそらくこれは，頭部を思考過程と結びつけているのであろう。このように，頭部は，人間の身体の最も高次な部位として理解することができる。先端が「書く」という意図された機能をはたす部位である鉛筆に拡張されるのは，この機能性なのである。先端がない鉛筆は，頭部がない身体と同様に役には立たない。いずれも，意図された課題を遂行することができないのである。

　この拡張のいずれの方法も，人間の身体の感覚的理解に基づいている。空間的方位による拡張の方法は，身体部位と身体全体との物理的近接性の意識に基づいている。一方，同様に機能的拡張の方法は，身体がどのように機能するかと，身体部位の課題に対する重要性を感覚的に意識することに基づいている。この章では，身体部位語の空間的拡張についてより焦点をあてる。これは，多くの言語にわたって豊かに用いられているからである。

　上ネカクサ・トトナック（Upper Necaxa Totonac）語は中央アメリカの言語だが，これには，「耳（*aÔ ÷ an*）」がコーヒー・カップの取っ手や樹木の枝に適用されるような空間的拡張がある。このような拡張を考慮すると，図4-4に示されるような「耳（*aÔ ÷ an*）」のスキーマ的表現が生まれることがわかる。このスキーマにおいて，垂直モデルは想定されず，輪郭領域は，すべての次元の中で，対象の薄い突起部にあたる。ある対象の「耳（*aÔ ÷ an*）」は，人間の耳やコーヒー・カップの取っ手のように半円でもありうるし，また，樹木の枝のように線状にもなりうる。この場合，スキーマの一部になるのは，突起の形ではなく，写像された部分の

輪郭領域

対　象

図4-4　「耳（*aÔ ÷ an*）のスキーマ的表現

薄さである。

　最後の例として，日本語の「口（*kuchi*）」を考えてみよう。これは，「噴出する場所」を意味するように拡張される。多少なりとも円形である「口」は，食物が身体に入っていく開口部である。同様に，蛇口は多少なりとも円形の開口部をしているが，これは水の入口ではなく，出口である。「口（*kuchi*）」のスキーマ的表現は，したがって，部分的に形であり，部分的に機能なのかもしれない。すなわち，これは，中から外への導管としての半円の開口部なのである。

　これらの3つの例は，身体部位の理解は，身体全体に対する部分の関係に基づくというよりも，限定された範囲との関係に基づいていることを示している。全体に対する部分の関係の側面には，上ネカクサ・トトナック語の $a\hat{O} \div an$ が「耳」や「枝」を意味するように，他の対象とのパートニミー的関係へと拡張される手段になっているものがある。また，「頭（*head*）」が鉛筆の機能としての先端に拡張されるように，また，「口（*kuchi*）」が噴出口に拡張されるように，機能的要素は，ある場合にはこの拡張において重要である。次の節では，身体部位語のこのパートノミー関係がさらにどのように拡張されるかをみていこう。

■ 2-3　身体部位語：人間ではない対象の投射空間

　身体部位語は，単純なパートノミー関係を超えて，対象の投射空間を含むようになるまで拡張されることがある。ホーレンバック（Hollenbach, 1995）による，中央アメリカのコパラ・トリック（Copala Trique）語の例をみてみよう（表4-2）。
　この「顔（*rian*）」の字義通りの使用法の例が，赤ん坊の顔を指し示すというよ

表4-2　**身体部位語：コパラ・トリック（Copala Trique）語の例**
(Hollenbach, 1995: 175)

	$rian^{32}$	$ne \div e^{3h}$	a^{32}
例文（1）	顔	赤ん坊	平叙
	「赤ん坊の顔」または「赤ん坊の目」		
	$rian^{32}$	$me^3sa^{4!}$	a^{32}
例文（2）	顔	テーブル	平叙
	「テーブルの表面」		
	$rian^{32}$	$we^{3?}$	a^{32}
例文（3）	顔	家	平叙
	「家の前の区域」		

うに，例文（1）に示される。人間ではない対象への拡張的用法は，例文（2）の，テーブルの表面を指し示す例にみられる。さらに，例文（3）のように，この単語が家の前の区域を指し示すという新しい意味も窺える。この新しい拡張は，家の前の区域はもう家ではないという点で，例文（2）の意味と区別される。むしろこれは，聞き手が別の種類の対象を探そうとする場所である，探索領域（search domain）（Langacker, 1987, 2001）を生み出している。家を参照点として，その前の区域を探しているが，その探索には家そのものは含まれていない。この意味の拡張は，図 4-5 に示されるスキーマを含むものとして理解される。「顔（*rian*）」のスキーマ的理解は，対象の平らな表面を指すというように，空間的だが機能的要素も含んでいる。例文（2）のように，テーブルの上面は，テーブルにおける特徴的な平らな部分であり，またテーブルという対象の中心的な目的でもあるので，「顔」とみなされるのである。例文（3）においては，対象は家であるが，これには 4 枚の壁があり，表のドアの壁は，家の入口という特徴的な機能を果たしているという意味で，家の「顔（*rian*）」として選択されている。

　このスキーマは，人間の身体やテーブルに適用されるとき，当該対象のある部分を区切って選択する。家に適用された場合は，このスキーマは単に対象の部分を選択するのではなく，むしろ家の部分に隣接した区域に焦点をあてるのである。図 4-5a や図 4-5b に示されるように対象の一部を輪郭で囲むこのスキーマは，部分的に，図 4-5c にみられるように，対象の一部を単純化して，探索区域を制限することなしに，ある程度は何が該当してもいいような探索領域になる。

　身体部位語の投射空間の意味は，表 4-3 の例文（4）のように，「天国（heaven）」をさすコパラ・トリック（Copala Trique）語の単語に，詩的な例として容易に見つけることができる。

　天国それ自体は，神の身体の一部ではないが，神が直接見ている区域なのである。

図 4-5　「顔（*rian*）」のスキーマ的表現

表 4-3　身体部位語の投射空間の意味：コパラ・トリック
（Copala Trique）語の例（Hollenbach, 1995: 175）

	rian	tyose	a
例文（4）	顔	神	平叙
	「天国」（神から見るもの）		

これは，神の直接的な近接的空間である。このことより，対象そのものと，対象に
隣接する空間を区別することができる。パートノミー関係は，何かしら新しいもの
を生じさせている。

■ 2-4　身体部位語：対象間の空間的二者関係

　言語は，2つの対象間に関係を確立するのに，この新しい区別を利用している。
身体部位語は，いったんある全体の一部として位置づけられると，ある対象を別の
対象について方向づけをするために使用される。身体部位語が2つの対象間に空間
関係を確立するのに用いられていることを観察するのに，メキシコの中央アメリカ
地域の諸言語が，おそらく最も適しているであろう。身体部位語のこのような使用
は，この地域における諸言語の明確な特徴である。例文（5）は，それらの言語か
らのものである（表 4-4）。この地域の身体部位語は英語における前置詞の用いら
れ方に似ている。

　例文（5a）と（5b）の「腸（¬o）」と「胃（tí...tsí）」という用語は，英語におけ
る前置詞の in とほぼ同じである。前者は犬を雑草の中に位置づけ，後者は主格の
「わたし」を森の中に位置づけている。例文（5c），（5d），（5e）において，「頭」
を意味する *Àtsu* や *wi ÷*，*tsum* などの身体部位語は，これらの主部に相当する対
象が樹木（5c）や丘（5d），家（5e）の上部の領域で見られることを指し示してい
る。これらの身体部位語の統語的規則は，前置詞や後置詞とは異なっているが，意
味論的には極めて類似している。

　いくつかの言語において，身体部位語によって確立される空間関係には，時間的
な関係にまで拡張されるタイプのものもある。ほとんど全ての言語において，対象
を空間的に組織化するのに用いられた語彙が，事象を時間的に系統立てるのに用い
られている（Lakoff & Johnson, 1980）。メキシコのアユトラ（Ayutla）で話される
ミシュテック（Mixtec）語において，「足」を意味する *sÈa ÷ a ÷* は，開始という
概念まで含むよう拡張されている（表 4-5）。

表 4-4　身体部位語の使用例（1）：空間的関係

例文（5）	a．ズーゴチョ・ザポテック（Zoogocho Zapotec）
	（*na'*）　　　　*dxi*　　*beko'*　　　¬*o*　　　*yixe'*
	（そこ）　　座る　　犬　　　腸　　　雑草
	「一匹の犬が雑草の中にいる」　　　　　　　　　　（VanGeenhoven & Warner, 1999: 62）
	b．ジカルテペック・ミクステック（Jicaltepec Mixtec）
	ije...　　　　　　　　　　*tí...tsí*　　*ku... ÷ u...*
	一人称主格の「である」　　　　胃　　　　森
	「わたしは，森の中で生活している」　　　　　　　　　　　　（Bradley, 1970: 83）
	c．チキヒュイットラン・マザテック（Chiquihuitlan Mazatec）
	nis Σ Â　　*ne*　　*Àtsu ya*　　*v Σ*　　*kuisun tßu*
	鳥　　　　その　頭　樹木　　あの　　高い・である　動物・代名詞
	「その鳥は，あの木の上にいる」　　　　　　　　　　　　（Jamieson, 1988: 145）
	d．マム・マヤン（Mam Mayan）
	ma...ß-tsan　　　*k-tsa...xa-l*　　　*asta ma...ß*　　　　*t-wi ÷*　　　*wits*
	上へ（おや）　三人称主格・動作主 – 来る – 可能　　　上へ　そこに　三人称所有格 – 頭　丘
	「おや，それは丘の上からやって来たに違いありません」　　　　（England, 1983: 72）
	e．ピピル・ナフアトル（Pipil Nahuatl）
	ka...　　*panu*　　　*ne*　　*i-a...ßi...ß*　*tsum-pan*　　*kal*　　　*tesu*
	誰　　排泄　　その　　三人称目的格 – 尿　　頭 – 能力　家　否
	ti-k-mitki-eneki-t
	一人称複数主格 – 三人称目的格 – 殺す – 欲求 – 複数
	「家のてっぺんで誰が小便をしても，わたしたちは殺したいとは思わない」（Campbell, 1985: 906）

表 4-5　身体部位語の使用例（2）：時間的関係

	nïÊ	saÊtaÊ ÷	aÊ	sÈitaÊ ÷	sÈa ÷ a ÷	sÈimana
例文（6）	完了	買う	彼女	トルティーヤ	足	週
	「彼女は，その週の最初にトルティーヤを買った」　　（Ayutla; Hills, 1990: 25）					

　「彼女がトルティーヤを買った（*nïÊ saÊtaÊ ÷ aÊ sÈitaÊ*）」という事象は，身体部位語によって「週（*sÈimana*）」の中に位置づけられている。足は，週の開始の部分として理解され，残りの日々がその後に続く。体重が足によって支えられているように，週の中の遅い時期の事象は，早い時期の事象，すなわち週の「足」に支えられているわけである。

　身体部位語のこの時間的使用は，非空間的関係を確立する一方で，それにもかかわらず空間関係にも密接に結びついている。次の第 3 節でも見ていくが，身体部位語はこれよりもさらに異なる関係を確立することができる。

第3節　関係的拡張

　ここまで，身体部位語の意味が，パートニミーを越えて，2つの対象間の空間関係が確立されるまで拡張されることを述べてきた。身体部位語の，字義通りの身体部分から別の対象への拡張は多少単純なスキーマにしたがっている。だが，非空間的な身体部位語は，どのように拡張されるかが容易に予測できない。それでも，その中核においては，2つの実体間の何からかの関係が保たれている。

■ 3-1　再帰性（reflexivity）

　主語が自分自身に行為を及ぼすとき，通常，言語では，主語自体が被行為対象であることを示すために，その対象の代理となる再帰代名詞が用いられている。しかし，いくつかの言語では，再帰を表現するために，対象を指し示す身体部位語が使用されている。このような身体部位語は，注意を発話の主体に向けさせる。グルジア（Georgian）語でみられる，次のような身体部位語の使用法を考察してみよう。

　表4-6の例文（7）の訳文では，代名詞の「自分自身（*himself*）」を使用しているが，形態素（意味を担う最小言語単位）の字義通りの直訳では，「彼は，彼の身体を撃った」になる。実際，自分を撃つとなると，身体以外に撃ちようがない。この「身体（*idem*）」という単語を使用することによって，グルジア語では，誰の身体が撃たれたのかが特定される必要がなく，単に主語がその動作の対象になったことが示されるのである。

　しかし，「身体」が，唯一の再帰的役割として使用される身体部位語というわけではない。「頭」も，言語起源的に無関係なイビボ（Ibibo）語（例文8）でもカブベルディアノ（Kabuverdiano）語（例文9）でも，同じ効果をもつように使用されている（表4-7）。

　例文（8）において「頭（*cabeça*）」は目的語として使用されているにもかかわらず，注釈によれば，「傷つけ（*feri*）」られるのは「頭」というわけではなく，マニュエル自身なのである。さらに，例文（9）におけるその男は，自分の「頭

表4-6　身体部位語の使用例（3）：再帰性①（Heine, 1999: 12）

	imé	*ámà*	*étígha*	*ídém*（*ám`*）
例文（7）	イメ	？	撃つ	身体　彼の
	イメは，自分自身（*himself*）を撃った			

表 4-7　身体部位語の使用例（4）：再帰性②

	Manêl	*ferí*	*sê*	**cabeça.**
例文（8）	マニュエル	傷つける	三人称単数：所有格	頭
	マニェルは彼自身を傷つける			(Heine, 1999: 12)
	k'ac-ma	*（me）*1	**tav-i2**	*gamacno*
例文（9）	男－能格	わたし（与格）	頭－名詞	彼.知らせた.わたしに彼を
	その男は，わたしに彼自身を知らせた（逐語訳：わたしに自己紹介した）			(Schladt, 1997: 105)

（*tav*）を紹介したのではなく，彼自身を紹介したのである。

　（7）から（9）の3つの例文においては，2つの統語的な対象，すなわち主語と目的語があり，身体部位語は，この目的語が主語と実質的に同一であるということを示すことに用いられている。したがって，意味論的には，例文の中で2つの別の実体が扱われているのではない。この意味論的部分全体関係は，主語と目的語のあいだに統語的な関係を確立するところまで拡張されている。

■ 3-2　所有（possession）

　わたしたちは，何ももたずに生まれてきて，そして同じ状態に戻って墓に入る。しかし，生きている間に，多くの所持品を蓄えていく。自分自身を，自分の所有物が含まれるように拡張するのは容易である。例えば，英語の例として，わたしは駐車場に入ろうとするとき，「わたしをどこに停めたらいいかな？（Where am I parked?）」（この文は，日本語では不自然かもしれない）とよく独り言をいう。この場合，わたしの身体のことを言っているのではなく，わたしの自動車を指している。すなわち，自分自身が自分の自動車を指し示すように使用されているわけである。自動車は，わたし自身の拡張になっている。以下の2つのアフリカの言語にみられるように，いくつかの言語において，身体部位語の使用を通して，所有の概念が直接符号化されている（表 4-8）。

　例文（10）においては，「である（*a*）」という動詞は単に存在を表わすものとして用いられ，所有の概念は「手（*yee*）」という単語によって指し示されている。この発話は，字義通りには「お金がわたしの手の中にある」だが，物理的に現金がわ

表 4-8　身体部位語の使用例（5）：所有

例文（10）	クペレ（Kpelle）語（ニジェール・コンゴ語族，マンデ語派）
	senkau　　　　　　*a*　　　　　　*n*　　　　　　*yee–i.*
	お金　　複数.である　　わたしの　　　手 – 場所格
	「わたしはお金をもっている」（逐語訳：お金がわたしの手の中にある） （Westermann, 1924: 20, 193ff.）
例文（11）	ギシガ（Gisiga）語（アフロ・アジア語族，チャド語派）
	du　　　　　　*'a*　　　　*v'a– do*
	黍　　　　　　　〜に　　　身体 – わたしの
	「わたしは黍をもっている」（逐語訳：黍がわたしの身体に存在する） （Lukas, 1970: 37; Heine, 1997: 93）

たしの手の中にあることを意味してはいない。むしろ，「手（*yee*）」は，所有の範囲を指し示している。例文（11）では，動詞は使用されておらず，「黍（*du*）」「わたしの身体（*v'a-do*）」の関係は，「…で（*'a*）」によって構築されている。したがって，「黍がわたしの身体にある」という字義通りの翻訳は，「身体（*v'a*）」がその人の所有物であるという唯一の一貫した意味に照らせば，ほとんど意味をなさなくなる。その人が，身体中に黍をもっているわけではない。

　これらの例で，各々の原語例文の下に記された注釈にあるように，所有格の「わたしの」と訳されている語が使用されていることに注目したい。これらの語は，所有の関係を確立するように使用されている。所有の動詞がある英語のような言語においては，その対象を所有しているのが誰かを指し示すために動詞を活用変化させることができるが，上の例文での発話では所有の動詞が欠けているので，どの人物が当該の対象を所有しているのかを示すために，このような所有格が用いられている。それらは，それだけでは所有を意味できないが，身体部位語に補われて所有を意味することができるようになる。

■ 3-3　他動性の増大

　中央アメリカの言語である上ネカクサ・トトナック語では，身体部位語が動詞の他動性を増大するために使用されることがある。身体部位接頭辞の他動性増大の使用をみる前に，この他動性がいくつかの規則動詞の他動性と，他動性を変更する身体部位語ではない形態素の影響下にあるということをみていこう。例文（12）と（13）を参照しよう（表 4-9）。

表 4-9　動詞の他動性増大の例（1）：身体部位語以外 (UNTEF, 2: 49)

例文（12）	wi:li: + ní + ¬ 置く＋適用（動詞の他動性の増大）＋完了 「彼は，（別の）彼を打った」
例文（13）	li: + wi:li: + ní + ¬　　　　　iß + makán 具格＋置く＋適用＋完了　　　三人称所有格＋手 「彼は，自分の手で（別の）彼を打った」

　例文（12）では，動詞の「打つ（*wi:lí:*）」が，この動詞が2つの行為子，すなわち打つ人と，打たれる人を制御していることがわかる。このことは，「打つ（*wi:lí:*）」が他動詞であることを示している。例文（13）では，具格を示す形態素の *li:-* が「打つ（*wi:lí:*）に付けられ，三者の行為子がいることが示されている。この場合の三者とは，打つ人，打たれる人，および打つ人によって使用されている道具である。形態素の *li:-* は，他動詞である「打つ（*wi:lí:*）」を自動詞に変換している。*li:-* は，どのような道具が行為に用いられているかを特定する空間を形成するが，例文（13）では，それが手に相当している。

　図 4-6a の「打つ（*wi:lí:*）」と図 4-6b の「何かで打つ（*li:wi:lí:*）」のこの2つの動詞の違いから，行為子の数が異なるということが容易に理解できる。この図においては，この違いがより明確になるように，認知文法の表示法（Langacker, 1987, 2002）が用いられている。この図において，*tr* は輸送子（*trajector*）を表わし，認

(a)

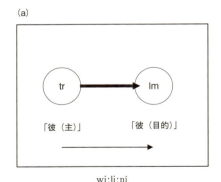

wi:li:ní
「打つ」

(b)

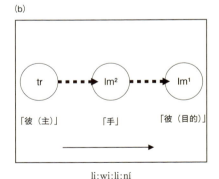

li:wi:li:ní
「手で打つ」

図 4-6　「打つ」と「手で打つ」のスキーマ的表現

注）tr：輸送子，lm：ランドマーク

知文法では行為子になる。この行為を受け取るもう1つの行為子は，ランドマーク（landmark）と呼ばれ，図では *lm* と記されている。図4-6b には，2つのランドマークがある。一次ランドマークは，行為の受け手である直接目的語であり，二次ランドマークは，行為の道具であり，この行為の伝達者になっている。図6a にみられるように，動詞の「打つ（*wi:li*）」が単独で用いられると，打ち手は打たれる人を直接打つ。しかし，図6b のように，形態素の *li:* が付け加えられると，打つ行為は，行為子から，手という道具によって，打たれる側に作用する。ここに，動詞の他動性における道具のための新しいスロットができるのである。形態素の *li:* は，この理由から，動詞の他動性を増加させる道具化子（instrumentalizer）と呼ばれている。

　上ネカクサ・トトナック語のいくつかの身体部位語も，道具化子の *li:* と同じように，動詞の他動性を増大する機能をもつようになっている。「運ぶ（*le:n*）」という動詞を例にして，「膣（*pu:*）」という身体部位語によって，この他動性がどのように影響されるかを観察しよう（表4-10）。

　動詞の「打つ（*wi:lí:*）」と同じように，「運ぶ（*le:n*）」という動詞も，他動詞で，2つの行為子を有している。形態素の「膣（*pu:*）」が付け加えられると，もう1つの行為子が追加され，この動詞は，（15）の例文では「袋」を表わす道具のための二重目的語の空間を形成する。

　身体部位語の「膣（*pu:*）」を，これがどのように動詞の他動性を増大させることができるのか，もう少し詳しくみていこう。本章2-3 で示されたように，身体部位語は，聞き手がもう一つの対象を探すことができる探索領域を確立するのに用いられる。身体部位語の「膣（*pu:*）」は，ある対象を別の対象の中に位置させるようにスキーマ化されているので，ちょうど英語の前置詞である *within* や *inside* と意味的に類似している。身体部位語を探索領域の確立のために用いているほとんどの言

表 4-10　動詞の他動性増大の例（2）：身体部位語 (UNTEF, 12: 76)

	kit	na + ik + lé:n
例文（14）	わたし	未来＋一人称主語＋運ぶ
	わたしは袋に入れて運ぶ	
例文（15）	ta + pu: + lé + ¬	kußtá ¬
	三人称主語＋vagina＋take＋完了	sack
	彼らは袋に入れて運ぶ	

語では，胃を表わす身体部位語がこの関係を構成するために用いられているが，この上ネカクサ・トトナック語では膣がこのような方法で用いられているという点でユニークである。

　「運ぶ（*le:n*）」という動詞は，単独で，運び手，すなわち輸送子（trajector）と，運ばれる対象，すなわちランドマークとの間に関係を確立する。「膣（*pu:*）」がこの動詞に追加されると，運ばれる対象であるランドマークは，身体部位語の「膣（*pu:*）」のスキーマの範囲で理解されるようになる。例文（15）で構成される，「何かの中で運ぶ（*pu:lén*）」のスキーマ的な表現を見てみよう（図4-7）。この身体部位語スキーマが「運ぶ（*le:n*）」のランドマーク上に写像されると，身体部位語によって確立されるランドマークに対する運送子の位置的な関係が，新しい方法で解釈される。身体部位語の「膣（*pu:*）」によって確立された位置的関係におけるどちらの要素も，「運ぶ（*le:n*）」の運送子のためのランドマークとして解釈される。「膣（*pu:*）」の探索領域の内側で見つけられる対象は，運ばれる対象になる。探索領域それ自体は，別のランドマークに属すると解釈され，この動詞の他動性は，新しい対象のための空間を作り出すために大きくなる。身体部位語それ自体が空間的なので，これが動詞について使用されるとき，そのランドマークも関係的に解釈され，異なる2つの対象を指し示す。よって，もし「わたしが何かを *le:n*（運ぶ）」ならば，わたしは単にある対象を運ぶが，もし「わたしが何かの中で運ぶ（*pu:lén*）」ならば，わたしは，対象を何らかの入れ物にいれて運ぶことになる。

　この身体部位語の「膣（*pu:*）」の使用は，図4-6b にみられる一般的な道具化子の li: よりも比較的特定的である。しかし，他動詞を非他動的な動詞に変えていく

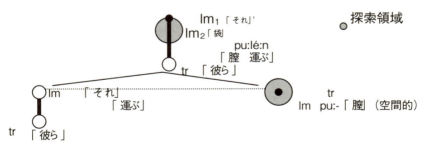

図4-7　例文（15）「彼らは袋に入れて運ぶ」のスキーマ表現
注1）tr：輸送子，lm：ランドマーク
注2）lm₁とlm₂という2つの対象のうち，どちらが第1のランドマークかを決定するのは困難である。動詞の直接目的語が，「袋」という道具なのか運ばれる対象なのか明らかではないからである。この時点で，この関係が強く確立されるという実例的なデータはない。

機能をもっている。この身体部位語の新しい意味は，非常に文法的で，身体部位である膣という字義通りの意味とは，ほとんど無関係になっている。

■ 3-4　論理的含意

　身体部位語が文法的機能をもつようになるもう1つの例は，中央アメリカで話されているミシュテカ（Mixtecan）諸語にみられる。この言語では，身体部位語は，事象を整理するという点で談話における接続詞として用いられている。ミシュテカ諸語のうちの2つから，それぞれ，ある節を導き出してかつそれを既存の節に関係づける働きをさせるために「顔（nuÊ）」が使用されている例をみていこう。

(16)　ma　　　naka ÷ -un/　　　nuÊ　　ka ÷ -ín
　　　否　　　未来：答える-二人称：目的語単数 /　顔　　　話す-わたし
　　　'You won't answer when I speak'（Jamiltepec; Johnson, 1988: 143）

(17)　ki ÷ in　ná　ndé ÷ é /　　　　　nú　　tuÊ　　ni ÷ ïÊ　ná
　　　isoÊ
　　　未来：行く　　わたし　未来：見る /　　　顔　　否　　　未来：得る
　　　わたし　ウサギ
　　　'I'll go see if I can go get a rabbit'（Yosondúa; Farris, 1992: 42）

　例文（16）の注釈によれば，「顔（nuÊ）」は，「わたしは話す（ka ÷ -ín）」という表現の一部になって，この表現を最初に登場する表現である「あなたは答えないだろう（ma naka ÷ -un ')」に従属させている。同様に例文（17）では，「顔（nuÊ）」は二番目の表現である「わたしはウサギを捕まえることができる（tuÊ ni ÷ ïÊ ná isoÊ）」に接続されて，これを「わたしは見に行く（ki ÷ in ná ndé ÷ é）」に従属させている。これらの例文において，身体部位語の「顔」は，2つの節を互いに結びつける従属節を構成している。

　身体部位語の「顔」の用法でのこの関係は，字義通りの身体の一部としての顔とは，実質的に関係がないようにみえる。この例では，この接続詞の意味に対して顔の形は明らかに無意味で，むしろこの拡張は顔の文字通りの使用に基づいている。わたしたちは，ある情景を見るためにしばしば自分のそちらの方向に顔を向ける。聴覚や嗅覚も観察に用いられることがあるが，しかし，疑いなく視覚が観察の中心

である。ある情景の方向に顔を向けると，これらの事象がわたしたちにとって関連するものになる。逆に，顔を向けなければ，あるいは観察しなければ，それらの事象はわたしたちにとって無意味なのである。言い換えれば，わたしたちは，何かに顔を向けることによって，その行為の影響を受けることになる。同様に，身体部位語の「顔」を節に付けることによって，これらのミシュテカ諸語は，比喩的に顔を向けているとして，文節同士を従属的に結びつけることができる。

第4節　要　　約

　人間の身体には，絶対的に根本的な何かがある。もし，通文化的に何らかの一般化をすることができれば，それは，わたしたちはすべてこの同一の人間の形の中に宿り，同じような感覚的入力をわたしたちの身体から経験しているということである。同様にして，人間は，全体の対象としてのみならず，より特定化した形と機能をもった小さな部位の集まりとしての身体の理解を共有している。

　身体のこのパートノミー的理解は，認知的にも基本的である。部分の全体に対する関係は，人間の精神の創造性によって，さまざまな種類の関係にまで拡張される。これには，人間の身体部位の無生物への拡張から，非物質的な関係的拡張としてある対象を別の対象に関係づける前置詞的な用語まである。ここでは，身体部位語を，主語が自分自身に対して行為していることを柔軟に意味するマーカーとして，所有のマーカーとして，さらには論理的帰結や他動性を増大させる手段として用いられていることを見てきた。

　どんな言語も，身体部位語の意味が実際に拡張されるだろうということは確かなのだが，重要な点は，これらの拡張がどのようにして行なわれるかは予測できないということである。言語は，人間の認知と創造性の所産であり，それは，信じられないほど強力で，かつ予測不可能な推進力をもっている。

【引用・参考文献】

Amiridze, N., & Leuschner, T. (2002). Body-part nouns as a source of reflexives: Towards a grammaticalization account of Georgian tav- 'head'. *Sprachtypologie und Universalienforschung (Language Typology and Universals)*, 55(3), 259-276.

Bradley, C. H. (1970). A Linguistic sketch of Jicaltepec Mixtec. Summer Institute of Linguistics Publications in Linguistics and Related Fields, no. 25. Tlalpan, Mexico:

Instituto Lingüístico de Verano.

Campbell, L. (1985). *The Pipil language of El Salvador*. Berlin: Mouton de Gruyter.

Chappell, H. M., & McGregor, W. (Eds.). (1995). *The grammar of inalienability. A typological perspective on body parts terms and the part-whole relation (Empirical approaches to language typology 14)*. Berlin: Mouton de Gruyter.

England, N. C. (1983). *A grammar of Mam, a Mayan language*. Austin, TX: University of Texas Press.

Farris, E. R. (1992). A syntactic sketch of Yosondúa Mixtec. In C. H. Bradley, & E. Hollenbach (Eds.), *Studies in the syntax of Mixtecan. languages (Publications in Linguistics, 4*(111), 1-171. Arlington, TX: Summer Institute of Linguistics and the University of Texas at Arlington).

Friedrich, P. (1971). *The Tarascan suffixes of locative space: Meaning and morphotactics*. Bloomignton, IN: Indiana University Publications.

Heine, B. (1997). *Cognitive foundations of grammar*. New York: Oxford University Press.

Heine, B. (1999). Polysemy involving reflexive and reciprocal markers in African languages. In Z. Frajzyngier, & C. S. Traci S. (Eds.), *Reciprocals: Forms and functions* (pp. 1-29). Amsterdam, The Netherland; Philadelphia, PA: Benjamins.

Heine, B., Güldemann, T., Killian-Katz, K., Lessau, D., Roberg, H., Schladt, M., & Stolz, T. (1993). Conceptual shift: A lexicon of grammaticalization processes in African languages (Afrikanistische Arbeitspapier, No. 3, 34-35). Cologne, Germany: University of Cologne.

Hills, R. A. (1990). A syntactic sketch of Ayutla Mixtec. In C. H. Bradley, & E. Hollenbach (Eds.), *Studies in the syntax of Mixtecan. Languages* (2nd ed.). (*Publications in Linguistics, 2*, 1-260. Arlington, TX: Summer Institute of Linguistics and the University of Texas at Arlington).

Hollenbach, B. E. (1990). Semantic and syntactic extensions of Copala Trique body- part nouns. In B. G. Cuarón, & P. Levy (Eds.), *Homenaje a Jorge A. Suárez: Lingüística Indoamericana e Hispánica* (pp. 275-296). Mexico City: El Colegio de México.

Hollenbach, B. E. (1995). Semantic and syntactic extensions of body-part terms in Mixtecan: The case of 'face' and 'foot'. *International Journal of American Linguistics, 61*(2), 168-190.

Jamieson, C. C. (1988). *Gramática mazateca: Del municipio de Chiquihuitlán Oaxaca*. México, DF: Instituto Lingüístico de Verano.

Johnson, A. F. (1988). A syntactic sketch of Jamiltepec Mixtec. *Studies in the Syntax of Mixtecan Languages. Publications in Linguistics, 83*, 11-150. Arlington,TX: Summer Institute of Linguistics and the University of Texas at Arlington.

Lakoff, J., & Johnson, M. (1980). *Metaphors we live by*. Chicago, IL: University of Chicago Press.

Langacker, R. W. (1987). *Foundations of cognitive grammar Vol. I*. Stanford, CA: Stanford University Press.

Langacker, R. W. (2002) *Foundations of cognitive grammar Vol. II*. Stanford,CA: Stanford University Press.

Lukas, J. (1970). *Studien zur Sprache der Gisiga, Nordkamerun*. (Afrikanistische Forschungen, 4). Glückstadt, Deutschland: J. J. Augustin.

Ojutkangas, K. (2000). Conceptualization models and the grammaticalization of body-part nouns: An example from the Finnic languages. Paper given at the International Conference on Cognitive Typology, University of Antwerp (UIA), April 14 (handout).

Schladt, M. (1997). *Kognitive Stukturen von Körperteil Vokabularien in kenianischen Sprachen.* (Afrikanistische Monographien, 8). Cologne, Deutschland: Institut für Afrikanistik, Univeristy of Cologne.

VanGeenhoven, V., & Natasha, W. (Eds.). (1999). *Annual Report 1999.* Nijmegen, The Netherlands: Max Planck Institute for Psycholinguistics.

Vorbichler, A. (1971). *Die Phonologie und Morphologie des Balese, Ituri-Urwald Kongo. Afrikanistische Forschungen.* Glückstadt, Deutschland: J. J. Augustin.

Westermann, D. (1924). *Die Kpelle-Sprache in Liberia: Grammatische Einführung, Texte und Wörterbuch. Zeitschrift für Eingeborenen-Sprachen, Beiheft 6.* Berlin: Dietrich Reimer.

05 異文化コミュニケーションと会議通訳

松縄順子

　現代の地球は急速に縮小され，グローバル化に伴い異文化に属する人々の間のコミュニケーションは不可欠になってきた。コミュニケーションとは「言語や非言語を話し手が道具として用いてメッセージを聞き手に伝達する過程」（応用言語学事典，2003）である。

　本稿では，精神的健康を異文化な状況下でコミュニケーション過程に参加できるか否かの指標とし，異文化コミュニケーションと会議通訳との関わりを捉えてみたい。

　文化人類学者エドワード・ホール（E. Hall）は "Culture is communication and communication is culture" と著書 *The Silent Language*（1959）の中で定義して，文化とコミュニケーションとの間に密接な相互関係が存在することを明らかにした。

　サモバー他（Samovar & Porter, 1981）によると異文化コミュニケーションは，メッセージの作成者（producer）がある文化の一員で，メッセージの受け手（receiver）が別の文化の一員である場合は常に生じるものであるとしている。この場合はメッセージと送り手，受け手に重点を置いて，文化がメッセージと送り手，受け手の人間を条件づけるとしている。

　一方，グディカンスト他（Gudykunst & Kim, 1984）によれば，異文化コミュニケーションとは，異なった文化的背景を持つ人たちの間の意味の付与（attribution）を含む相互作用で象徴的な過程であるとしている。双方ともに文化的相違を重視する点は共通しているが，グディカンストらは相互作用過程としてのコミュニケーションに視点を置き，言語その他の象徴への意味の付与行為が重要であるとしている。

　異文化コミュニケーションを文化理解に基づいたメッセージ伝達の過程とする場合，言語的制約のために，その過程に参加できないことは，精神的健康上大きな不安を呼ぶ。その弊害を取り除くために，異文化の人々が集う国際会議，シンポジューム，講演会，交渉等の場でのメッセージの送り手と，受け手のコミュニケーションの橋渡しをするのが会議通訳である。

　会議通訳を何らかの異文化コミュニケーションを達成する手段であると想定すると，通訳プロセスの核であるスピーチ，メッセージのセンス（意味）の捉え方が，コミュニケーションに大きく関係することが鮮明になる。異文化に属する個人対個人，個人とグループが相対した時，言語の弊害があっても疎外感を感じないのは，メッセージを聴き手の言語で伝える通訳者の役割が寄与するからではないか。まずこの点を検討したい。

　通訳者は「異文化コミュニケーター」とも呼ばれ，少なくても 2 つの文化を扱い，多文化能力を持つことが前提とされる。ウイット（Witte, 1994）は多文化能力を「（少なくても）2 つの異なった文化背景を持った関与者が（相互交渉）目的とニーズに照らして，文化的，情況的に妥当な方法で行動を解釈して産出する能力」と定義づけている。つまり多文化能力を持った通訳とは単なるスピーチの"Word-by-Word Transfer"（言葉の置き換え）だけでなく，"Culture Transfer"（文化の置き換え）とみなすべきであると考えている。鳥飼（2007）も訳すという行為は言語という次元でのみ議論するのは間違えで，その本質は，異文化を超えて原文の意図を自分なりに「解釈」して，その意図，メッセージを異言語で表現することだと述べている。具体的にジョーンズ（Jones, 1998）は通訳者の役割を次のように定義している。

　(1)　オリジナル・スピーチを正確に忠実に再構成する。

　(2)　会議で参加者を区分している文化的，概念的なギャップを埋める。

　したがって，通訳者はいわゆる効果的なコミュニケーションを図るために多文化能力を備えたコミュニケーション能力を持たなければならない。具体的には文法能力（Grammatical Competence），社会言語的能力（Sociolinguistic Competence），対話能力（Discourse Competence），方略的能力（Strategic Competence）であるが，そのうえ，通訳者にとっては特に「背景知識」が加わる。サモバーとポーター（Samovar & Porter, 1984）は，この必要な背景知識を獲得するための「情報収集スキル（調査能力）」も重要であると指摘している。

　通訳者にとり，背景知識の有無は通訳するうえで決定的な要素となる。訳出する

スピーチのテーマの背景知識がなければ，スピーチの流れを予測することや，話しのエッセンスを理解することができず，目標言語（聴き手の言語）への適切な語彙を選択することもできない。

　一口に背景知識といっても大まかに 4 つの層に区分できる（染谷，2001）。一般知識（General World Knowledge），文化的知識（Culture-specific Knowledge），専門領域にかかわる知識（Subject-specific Knowledge），文脈知識（Contextual Knowledge）である。通訳者にとり，一般知識，文化的知識は当然持つべき知識として暗黙の了解があり，絶えずアップデイトしているものである。しかし背景知識の専門領域にかかわる知識が乏しい局面では，スピーチの理解が表面的になり，言語分析に頼る度合いが益々高まり，言語の単なる置き換えになる。その結果，既有知識に結びつかない言語分析インプットは記憶に保持されにくくなり，訳出しても文章の意味が欠落したり，一貫性を欠いたりしてしまう。知識不足の局面が長引けば，通訳プロセスは破綻することになる。

　ベルジュロ伊藤宏美（2007）はスピーチを聴取する時，意味の記憶と言語表現記憶，あるいは深層構造の記憶と表層構造の記憶を対立的に捉えるのではなく，意味を理解するにはこれらを重層的に構築させるべきだとしている。理解の深さは関連知識または背景知識の有無により左右され，知識が豊富であればあるほど理解が深く，非言語化する度合いも高まるとの考えである。

　文脈知識には，通訳対象となる事柄（Communicative Event to Interpret）に関する知識と，言語学的観点に立つ語用論的な知識が含まれる。

　「異文化コミュニケーター」とも呼ばれ，文化的背景ばかりでなく，専門的背景も異なる人々のコミュニケーションを円滑に進め，両者の橋渡しの役割を果たす通訳者には，上記の高度なコミュニケーション能力（文法能力，社会言語学能力，対話能力，方略的能力）と背景知識，文脈知識，情報収集知識は不可欠である。通訳者にはこれらの能力が少なくとも 2 つの文化，言語にまたがって要求される。

　以上のような観点から，ここでは異文化コミュニケーションと密接な関係を持つ通訳，特に，意味論（背景知識がサポート）が中心となる通訳プロセスを検討してみたい。

　まず，通訳（会議通訳）するとはどのような具体的な流れなのかを以下のように把握したい。

第1節　通訳の種類

　会議通訳には逐次通訳と同時通訳がある。前者は話者が一定時間スピーチ（約3-5分間）している間，ノートを取りながら聴き，スピーチが終了したら，直ちに内容を細分にわたって忠実に口頭で目標言語（聴き手の言語）に訳出する方法である。同時通訳は話者のスピーチを聴きながら，内容を理解して，同時に言語変換を行い，起点言語（話者のしゃべる言語）を目標言語に訳出していく方法である。スピーチが続行している間も訳出をして，そのスピーチの終了とほぼ同じ時に通訳を終える。この同時通訳には，スピーチの速度，語彙密度，アクセント，ノイズ，資料の有無等の観客的制約と有限の認知資料，背景知識等の主観的制約が伴う。

　会議通訳は「リアルタイム（real time）」で訳出することが必要である。同時通訳については，話者との同時性からわずか数秒遅れるくらいで訳出し，話者より時間をかけて訳出してはならない。逐次通訳においても，話者が終わった直後に，通訳することが求められ，その通訳は能率良く，迅速でなければならない。通訳者にはスピーチの内容を理解，分析し，目標言語に再構成する能力ばかりでなく，それらを，迅速に，しかも緊張状態の中で行う能力が必要である。理論的には通訳をするには起点言語，目標言語の2つの言語を完全に運用できる能力と，メッセージ（スピーチ）内容の背景知識に基づいた深洞察力，理解力と，分析力を備え，通訳技術（訳出力，表現力，集中力等）の習得が必要とされている。

第2節　センス（意味）の理解

　ここで問題となるのは，何がもっとも通訳するプロセス（過程）で重要であるかである。方法論的には第一に訳出プロセスでメッセージ（スピーチ）のセンス，sense（意味）を理解することである。センスは各語や文の言語的意味の総和ではなく，言語が言語外の知識と結びついた時，すなわち認知的補足物（cognitive complements）と融合した時に生じる。すなわち，通訳プロセスの第一歩は単に言語転換だけではなく，センスを捉えることである。このセンスが知覚されると，それを伝えるために使用されていた言語形態は落ち（deverbalization），生のセンスのみが残る。そこで通訳者は起点言語の制限を受けずに，自発的にこのセンスを目標言語に再構成できることになる。後に「意味の理論」と呼ばれるようになったこのセレスコヴィッチ派（D. Seleskovitch）のセンスの理論では通訳プロセスとは通

訳者がスピーチを聴取して理解して，非言語的な意味を捉えることであり，それを
別の言語に訳出する時は，捉えた意味を訳出する言語の約束事に従って言語化する
としている。

　「意味の理論」は異なった言語は，同じコンテキストを表現するにも異なった方
法を使用するという事実に基づいているので，通訳・翻訳を通してコミュニケーシ
ョンを図る場合は，単に起点言語で表現されたことを目標言語に置き換えるだけで
は，聴き手はスピーチの内容を十分理解できないのである。

　セレスコヴィッチはこのセンス（意味）の理解は背景知識，文脈，認知的環境
（前の文章，句）や世界の知識の有無によって制限されるとする。センスは起点言
語が非言語化されて，それを理解した通訳者が，起点言語の制約を受けずに目標言
語で自由に再言語化し，再構成することが通訳のプロセスであるとする。

　しかし，このセンス（意味）の非言語化（deverbalization）という想定が批判の
対象になっていることも付け加える。セレスコヴィッチは非言語化は言語的意味
（linguistic meaning）が言語とは独立して存在するという立場をとる。つまりこの
非言語化は言語的性格を保持した意味表示のようなものを想定していない。その場
合，起点言語の表面の形は非言語化（deverbalization）により失われ，センス（意
味）は non-verbal な存在となるのであるから，センス（意味）にどのような内部
構造があるか，その内部構造がどのように目標言語に再構成され，再言語化される
のか，一切分からないとの見解である（水野，1997）。ただセレスコヴィッチは
Transcendental meaning（超越的意味）が存在するという立場をとり，「非言語
化」が言語性を保持した意味表示ではないと考えているのは，文としてのセンス
（意味）そのものがそこに現れているとの考えからではなかろうか。

　セレスコヴィッチは，「意味の理論」には発話（スピーチ）に多くの意味の層が
あると言及している。その中で少なくとも以下の3層は他と比べて傑出している。

　1．個々に使われている語彙の意味（セレスコヴィッチは第一の意味と呼んでい
　　　る）

　2．セマンティック（意味論）の内容，概念，思想，発話に含まれる情報のセン
　　　スの意味

　3．発話（スピーチ）の中でスピーカーの意図が暗に意味しているもの

　この3点は通訳する場合の内容理解のうえで，無視できないものである。それら
の層を把握，理解することで，文のセンスが表示している何かを捉えることはでき
る。通訳者の記憶はスピーチを暗記したうえで記憶しているのではない。通訳プロ

セスは，語彙と文法規則の変換で記述できるものでもない。セレスコヴィッチは通訳者の記憶は，必ずスピーチ内容の理解を伴い，理解は言語的分析によって成立するものではなく，必ず言語が知識と結びついた結果，内容が理解されるとしている。ある言語を通常聴き手が理解する仕方と同様で，文法分析は意識されず，聴き手は語彙や用語にこだわった聴き方をしないで，内容を理解している。自然に理解できたスピーチは内容が記憶に残り，一方スピーカーが使った言語表現は即座に通訳者の記憶から消える。そしてスピーチを聴いて理解した内容を，目標言語で表すことになる。これはある言語を使用する話者が，自分の考えを伝える時と同様に，理解した内容を自然に目標言語で表すプロセスである。それゆえに，セレスコヴィッチは原発言で使われた言語分析に基づいた翻訳作業は，まったく異質なものであると位置づけている。

　このような通訳プロセスの前提にはスピーチ，メッセージを伝える話者，それを聴く聴き手の文化も考慮に入れなければいけないと考えられる。

第 3 節　文化コミュニケーションと文化的コンテキスト

　異文化コミュニケーションの重要性を説いたホール（E. Hall）は，初めて文化的コンテキストに着目している。スピーカーがどのように発話をするか，どのように聴き手が発話を受け入れるかは文化コンテキストにより異なる。

　文化は高コンテキスト文化（High-context Culture）と低コンテキスト文化（Low-context Culture）の 2 つのタイプに大別できる。例としては，日本は高コンテキスト文化に属し，アメリカ，欧州は低コンテキスト文化の国である。

　日本のような高コンテキストの文化では，人々の文化的背景が似ており，基盤となる社会的ノームが共通で，伝達する情報背景の多くが，すでに話者と聴き手の間で共有されている。したがって最小限の言語情報で，メッセージが伝わる。アメリカのような低コンテキストの国家は，多民族で構成されているため，人々の共有する文化的コンテキストが少ない。そのため，ほとんどの情報を，明示的なメッセージとして伝えなければならない。

　高コンテキスト文化に属する話者は，しばしば伝達するべきメッセージの半分しか述べず，メッセージの解釈は聴き手の側に委ねることがある。したがって，その話法は明瞭性を欠くことが多い。日本語のスピーチには前置きの表現や，意味の表現が曖昧で，形式的な挨拶の言葉も多く，それが社会的ノームを構成しているとも

いえる。"Yes", "No" の回答を求められても，明確な回答を避けることがビジネスや日常生活の慣習としてしばしばみられる。このような場合，通訳者が原発言をそのまま訳出しても意味をなさないことが多く，コミュニケーションが成立しない。

　一方，低コンテキスト文化のコミュニケーションは説得的，経済的，敏速で，効率的で充足感が高い。情報を共有するには，言語による詳細な説明をしなければならず，時間が必要である。聴き手に積極的に話しかけて，自分の見解をはっきり主張し，説得しようとする。

　通訳は，異文化の情況で行われるので，共通の文化，背景知識，文脈の共有度は低い。このような状況下で，コミュニケーションの媒介者を努めるのであれば，単に起点言語の表面を追うのではなく，双方の文化的な背景も十分配慮して訳出しなければならない。

　特に話者の属している文化圏を事前に十分知る必要がある。どのような話法形式を話者が取るかは文化により異なる。レトリックを活用する低コンテキストの文化圏か，対立を避け，協調性を重んじ，曖昧な表現を使用する高コンテキストの文化圏に属す話者であるかを見極めなければならない。話者のタイプを理解プロセスに対応させることである。

第 4 節　OJT (On The Job Training)

　以上の点に鑑みて，実際の通訳の現場ではどのようにして訳出が行われているのかを検証してみた。

　神戸女学院大学では年間 26-30 回，さまざまな分野における OJT (On the Job Training) が学内外で行われている。これはジル (Gile, 1994) が On the Job Training (OJT) の意義に言及していることに基づいている。

　ジル (Gile, 1994) は "Value of OJT" (OJT の価値) として，"Interpretation skills are specialized skills in a particular setting, so OJT gives a reality check for students who are used to studying only in a classroom with 'artificiality problem.'" 通訳技術は特定の情況下での専門的な技術であるので，人工的な問題を設定したクラスで勉強することに慣れている学生の通訳技術は OJT，通訳現場においてチェックをすることができる。"Similarly, knowledge acquired in-house is by definition totally relevant, while knowledge acquired in Translation schools is not. Overall, the amount of relevant work done per unit of time is smaller in formal training than in the in-house option. Over a period of two to four years, the difference may add up to something quite significant" (Gile, 1995)。インハウスで獲得した知識は関連性があるが，一方，翻訳学校で得た知識はそうではない。時間あたり正式な学校教育で得た知識はインハウスで得たものより少ない。2-4 年間には重要な違いを生むことになるであろう。

　OJT は現場を踏ませることで，教室では得られない知識，緊張感，異文化コミュニケーションの重要性，臨機応変な対処等の能力の必要性を生で学生に感じさせることを目的にしている。OJT には学部 4 年生と院生，チーフとして卒業生が参加している。

　2007 年度を例に取ると，28 回の OJT を院生，学部生が "ペアー方式" で担っている。分野は多岐にわたり，環境問題のシンポジューム 8 回，礼拝 5 回，文化 4 回，音楽 3 回，文学 2 回，歴史 2 回，通訳（異文化コミュニケーション）1 回，教育 1 回，地方行政 1 回，心理学 1 回であった。このようにテーマがバラバラの OJT を如何にこなしてきたのか論じてみたい。

　第一にそれぞれの分野の基礎的背景知識を構築した。話者のスピーチのセンスを把握するために，勉強会を開催して，専門家より会議のテーマの基本的概要と基礎知識を講義してもらった。参考文献の紹介も行う。自主的勉強会で，まず個々の専門用語リストを作成，語彙の習得に努めることを重視した。専門用語リストは必ず担当教官のチックを受け，最終的にその分野の専門家に照会した。第二に講演会の原稿が提出され次第，十分に読み理解に努め，大意を把握して，内容のアウトラインを目標言語で作成することにした。または，サイト・トランスレーションの準備をした。第三に講演者との Briefing を持った。内容，専門用語に関しての質問をし，スピーチの重要な点を確認した。そのうえで，話者の言語の扱い方，スピード，アクセント，ポーズの取り方，話し言葉としての語彙の選択等，いわゆる話者のスピーチ・パーフォーマンスの特徴を学び，それに慣れることを目的とした。

第 5 節　2007 年度の OJT の一覧表

2007 年度 OJT 実績表・予定表

日程	時間	場所	講演テーマ	講演者名	フロア言語	通訳語
2007 年 5 月 3 日	12：30-14：00	本学 L-28	第 8 回折紙探偵団 関西コンベンション "My Life with Origami"	ジューン・サカモト 氏	英語 日本語	日本語 英語
2007 年 5 月 21 日	15：00-16：30	本学 LA Ⅱ-22 （MM 教室）	ワイオミング大学 オナー・プログラム 2007 公開特別講義 "Distribution and Fates of Synthetic Chemicals in the Aquatic Environments"	本学学長 川合真一郎 教授	英語 日本語	日本語 英語
2007 年 5 月 21 日	16：40-18：10	本学 LA Ⅱ-22 （MM 教室）	ワイオミング大学 オナー・プログラム 2007 公開特別講義 「日本近現代史―過ぎ去らない過去はなぜか？」	本学　上野輝将 教授	日本語 英語	英語 日本語
2007 年 5 月 28 日	15：00-16：30	本学音楽館 A-313	ワイオミング大学 オナー・プログラム 2007 公開特別講義 "Let's Sing Japanese Songs"	本学　斉藤言子 教授	日本語 英語	英語 日本語
2007 年 5 月 29 日	10：35-10：50	本学講堂	チャペルアワー "Peace Makers"	本学　デイヴィッド・マカルク 講師	英語 日本語	日本語 英語
2007 年 6 月 7 日	15：00-16：30	本学 LA Ⅱ-22 （MM 教室）	神戸女学院美学研究会 2007 年度第 1 回例会 "The Moving Images and the City in Films: From Monument to Surveillance"	トロンド・ルンデモ 准教授（ストックホルム大学）	英語 日本語	日本語 英語
2007 年 6 月 28 日	15：00-16：30	本学 LA Ⅱ-22 （MM 教室）	神戸女学院美学研究会 2007 年度第 2 回例会 "Genetics of Today, its Scope and Problems"	スリー・カンザスワミ 教授（カリフォルニア州立大学デイヴィス校）	英語 日本語	日本語 英語
2007 年 6 月 29 日	10：35-11：25	本学 LA Ⅱ-22 （MM 教室）	アッセンブリアワー "Promoting Interdisciplinary Studies at Kobe College"	本学　ワイ－リング・ライ 客員准教授	英語 日本語	日本語 英語
2007 年 7 月 5 日	10：00-11：00	本学 LA Ⅱ-22	ヴァーモント州公立学校 教員日本研究プログラム	本学 川合真一郎 教授, 他	英語 日本語	日本語 英語
2007 年 7 月 5 日	12：40-17：00	農地・甲山自然の家・環境学習サポートセンター	ヴァーモント州公立学校 教員日本研究プログラム	西宮市　LEAF	英語 日本語	日本語 英語
2007 年 7 月 18 日	10：35-10：50	本学講堂	チャペルアワー "King David and a Contrite Heart"	本学　ライアン・クリント 講師	英語 日本語	日本語 英語

2007 年 8 月 20 日・21 日	11：00-17：00	本学講堂	国際通訳シンポジウム "East Meets West -Current interpreting trends-"	ダニエル・ジル 教授（リヨン大学・パリ大学）/バーバラ・モーゼーメルセール 教授（ジュネーブ大学）/チュアンユン・バオ 部長（モントレー国際大学通訳翻訳大学院）/ジャコリン・ハーマー 教授（モントレー国際大学通訳翻訳大学院）/船山 仲他 教授（神戸市外国語大学）/松縄 順子 特任教	英語 日本語	日本語 英語
2007 年 9 月 26 日 -28 日	10：00-12：00	大阪市立大学	国際発信力育成 インターナショナル	寗 炳惠 教授（台湾清華大学）/デイヴィッド・ウィルス 教授（相愛大学）/ダニエル・ボッツマン 教授（ノースカロライナ大学），他	英語 日本語	日本語 英語
2007 年 10 月 1 日	15：00-16：30	本学 LA Ⅱ-22 （MM 教室）	神戸女学院美学研究会 2007 年度第 4 回例会 "Smallness in Childhood and Children's Literature"	ジェリー・グリズウォルド 先生 （サンディエゴ州立大学）	英語 日本語	日本語 英語
2007 年 10 月 5 日	13：00-14：00	本学めぐみ会館	めぐみ会講演会 "My Life in Japan"	本学 ワイ-リング・ライ 客員准教授	英語 日本語	日本語 英語
2007 年 10 月 10 日	12：00-15：00	西宮市立浜脇 小学校	西宮環境都市推進グループ	JICA 研修生の小学校訪問と環境問題ワークショップ	英語 日本語	日本語 英語
2007 年 10 月 30 日・ 11 月 1 日-2 日	14：30-17：00	西宮市市役所	日米教育交流セミナー	ジュディ・ミッチェル学部長（WSU 教育学部）/牧田 勲校長（甲陵中学校）, 他	英語 日本語	日本語 英語
2007 年 11 月 15 日 -23 日	10：00-20：30	音楽館	音楽によるアウトリーチ・ワークショップ	ショーン・グレゴリー 教授（イギリス・ロンドン・ギルドホール音楽院）	英語 日本語	日本語 英語
2007 年 11 月 19 日	15：00-16：30	音楽館・講堂	音楽によるアウトリーチ・講演会	ショーン・グレゴリー 教授（イギリス・ロンドン・ギルドホール音楽院）	英語 日本語	日本語 英語
2007 年 11 月 20 日	15：00-16：30	本学 LA Ⅱ-22 （MM 教室）	神戸女学院大学研究所後援 専門研究会 "バイオロギングサイエンスと南極海ウェッデルアザラシの潜水行動"	ランドール・ウィリアム・デーヴィス 教授 （テキサス A&M 大学 海洋生物学科）	英語 日本語	日本語 英語
2007 年 11 月 30 日	10：35-11：25	本学 LA Ⅱ-22 （MM 教室）	アッセンブリアワー "University Education in Japan-from a foreigner's point of view"	本学 ワイ-リング・ライ 客員准教授	英語 日本語	日本語 英語
2007 年 12 月 11 日	18：00-20：30	三宮学習プラザ	WHO "鳥インフルエンザ"	WHO（世界保健機関）	英語 日本語	日本語 英語
2008 年 2 月 4 日 -8 日	10：00-16：00	本学 LA Ⅱ-22 （MM 教室）	美学集中講義	イブ・ミレー 教授 （韓国外国語大学）	英語 日本語	日本語 英語

第6節　ま と め

　以上のようなバラエティーに富んだ 2007 年 4 月から 2008 年 2 月までの OJT の評価をしてみると，共通の問題として次の点がまとめられる。

　通訳プロセスはスピーチの意味を十分把握して，それを目標言語で再構成することである。第一にスピーチを聴取して，十分に意味を理解することができると，それに続いて，異なった言語（目標言語）で再構成する段階では，容易に自分の言葉で自由に目標言語に表現することができる。通訳者にとり再構成が第二の天性のようなものにならなければいけない（Jones, 2002）。それは通訳者が目標言語を，豊かで変化に富んだ方法で運用できて初めて可能になる。OJT の学生参加には，起点言語，目標言語双方による背景知識の習得が必須である。そこから文脈の予測が可能となり，目標言語への再表現がスムーズに行われることが検証された。

　内容が多岐にわたる OJT でも準備を整え，内容も一般的，または背景知識を十分構築できたものは，講演内容を大きく外すことなく，通訳経験の乏しい学生でも順調に通訳を行った。そこでは学生自身もある種の達成感を感じているようである。言語的には多くの OJT の場合，起点言語は英語であるが，英語だけでなく，目標言語たる母国語，日本語の表現方法の質を上げる必要性を痛感しているとの反省点が出ている。その分野の専門領域知識を日本語，英語で習得し，表現できることも重要である。

　異文化を理解し，通訳技術を駆使して，コミュニケーション過程を熟知した時のみ，異文化コミュニケーションに通訳者は貢献できる。言語的制限があっても，異文化情況の中で，コミュニケーション過程に参加し，疎外感を味わうことなく，メッセージの受信，送信が自由に行われる場合に異文化のコミュニケーションが達成したことになる。それが精神的健康に寄与すると考えられるではなかろうか。

【引用文献】

Gile, D. (1994). The process-oriented approach in the training of translators and interpreters. In C. Dollerup, & A. Lindegaard (Eds.), *Teaching translation and interpreting 2*. pp. 107-112. Amsterdam: John Benjamins.

Gile, D. (1995). *Basic concepts and models for interpreter and translator training*. pp. 6-20. Amsterdam: John Benjamins.

Gudykunst, W. B., & Kim, Y. Y. (1984). *Communication with strangers*. Reading, MA:

Addison-Wesley.

Hall, E. (1959). *Silent language*. New York: Doubleday.（ホール・E. 國弘正雄・長井善見・斎藤美津子（訳）(1966). 沈黙のことば―文化・行動・思考 南雲堂）

ベルジュロ 伊藤宏美（2007）. 博士論文要旨 通訳研究，*7*, 277-285.

Jones, R. (2002). *Conference interpreting explained* (2nd ed.). pp. 4-10, pp. 80-91. Manchester, UK: St. Jerome Publishing.

小池生夫・河野守夫・田中春美・水谷 修・井出祥子・鈴木 博・田辺洋二（編）(2003). 応用言語学事典 研究社

水野 的（1997）.「意味の理論」の批判と通訳モデル 通訳理論研究，*7*, 53-67.

Seleskovitch, D., & Lederer, M. (1989). *A systematic approach to teaching interpretation*. (Translated by J. Harmer) Washington D.C.: RID.

鳥飼玖美子（2007）. 通訳者と戦後外交 pp. 31-40. みすず書房

Witte, H. (1994). Translation as a means for better understanding between cultures. In C. Dollerup, & A. Lindegaard (Eds.), *Teaching translation and interpreting 2*. pp. 67-75. Amsterdam: John Benjamins.

【参考文献】

Gambier, Y., Gile, D., & Taylor, C. (Eds.) (1997). *Conference interpreting: Current trends in research. Proceedings of the International Conference on Interpreting: What do we know and how*? Amsterdam: John Benjamins.

Gile, D., Hansen, G., & Pokorn, N. (1984). Why translation studies matters. Amsterdam, The Netherland: John Benjamins.

Gudykunst, W. B. (1993). Toward a theory of effective interpersonal and intergroup communication: An anxiety/uncertainty (AUM) management perspective. In R. Wiseman, & J. Koester (Eds.), *Intercommunication competence*. pp. 33-70. Newbury Park, CA: Sage.

Hall, E. T. (1976). *Beyond culture*. New York: Doubleday.（ホール，E. 岩田慶治・谷 泰（訳）(1979). 文化をこえて TBSブリタニカ）

Hall, E. (1989). *The dance of life: The other dimension of time*. pp. 59-77. New York: Anchor Books, A Division of Random House.

Samovar, L. A., & Porter, R. E. (Eds.) (1985). *Intercultural communication: A reader* (4th ed.). Belmont, CA.: Wadsworth.

Seleskovitch, D. (1989). Teaching conference interpreting. In P. W. Krawutschke (Ed.), *Translation and interpreter training and foreign language pedagogy* (American Translators Association scholarly monograph series Volume III). pp. 65-88. New York: State University of New York at Binghamton.

Setton, R. (1999). *Simultaneous interpretation: A cognitive-pragmatic analysis*. Amsterdam: John Benjamins.

添田康正（2001）. 通訳教育のあり方―何を教えか，何を学ぶか（1/2）通訳・翻訳ジャーナル，8月号，98-99.

鳥飼玖美子（1994）. 通訳と翻訳 異文化理解とコミュニケーション 三修社

06 環境化学物質が動物の行動に与える影響

川合眞一郎

　心身ともに健康な生活を営むことは人類の究極的な目標であることは言うまでもないが，世界全体でみると，まことに厳しい現実があることはよく知られている。食料問題，環境問題，エネルギー問題は一つずつがとてつもなく多くの課題を含み，かつ相互に密接な関係を有しており，解決には気の遠くなるような工夫と精力を投入しなければならない。環境問題については欧米や我が国などの先進国の場合，人間や野生生物の生存を脅かすような過去の悲惨な事件の反省に立って，法的な規制や浄化技術の進歩および啓発活動により，一定程度の対策が功を奏してきた。しかし，中国をはじめとした急成長を遂げつつある国々の環境問題は今後一層深刻になると思われる。本章では数ある環境問題の中で，人間が作り出した化学物質に的を絞って話を進めたい。

　人工の有機化合物といわれる物質群は今や我々の身の回りに数万種もあるといわれ，取り囲まれているというよりも，どっぷりつかっているといってもよいくらいである。これらの化合物の生産量，使用量は年々増加の一途をたどっており，また，数千の化合物が毎年新たに世に出まわっているといわれる。現代社会がその恩恵を被っていることは間違いないが，その一方でこれらの化学物質が環境を汚染し，ヒトも含めた地球上のいろいろな生物に何らかの影響を及ぼしていることが危惧されている。農薬や医薬は，元来それらが持っている生理活性を利用しているために，使用方法を誤ると生体に有害であることはうなずけるが工業薬剤（PCB，塩化ビニル，可塑剤，難燃剤など）は生体に本来的には無縁のはずであったが，水，大気，食物を介して生体に侵入し毒性を発現する。本稿において中心的に取り上げることであるが，農薬を除いた工業薬剤の少なくとも５％は神経毒性を示すといわれてい

る（Carlson et al., 1998）。

　生物は物理的（温度，圧力など），化学的（塩分，天然および人工の有機化合物など）および生物学的（生物密度，食う食われる関係など）環境の変化に巧妙に反応しながら進化を遂げてきた。外界の環境が変化しても生体内を一定の秩序に保つ仕組み，すなわちホメオスタシス（生体恒常性）を保持しているのである。ここには神経系，内分泌系，免疫系などによる調節機構が働いている。人工の化学物質については体内に取り込まれた後，薬物代謝酵素系の働きで体外に排除する機構が働き，一般には解毒されることになる。代謝能力を超える量が取り込まれたとき，また代謝酵素系では太刀打ちできない物質が取り込まれたときは健康被害をもたらすことになる。ある化学物質の毒性を評価するとき，いろいろな実験動物が用いられてきたが，近年，ラットやマウスあるいは魚類などの丸ごとの生物を用いる前にいろいろな試験方法が開発されている。一つは QSAR（Quantitative Structure Activity Relationship：定量的構造活性相関）である。これは化学物質の構造から生体内の各種レセプター（受容体）との結合の可能性を推定し，影響を評価する方法である。生体内には多種多様な受容体が存在し，例えばホルモン受容体，免疫反応における抗原受容体，神経系におけるアセチルコリン受容体などである。二つ目は in vitro（イン・ヴィトロ：試験管内）の方法で典型的な例としては各種動物由来の培養細胞実験が挙げられる。これらの方法で，毒性の目安を一定程度付けておいて（これをスクリーニングという），次の in vivo（ラット，マウス，魚類などの丸ごとの動物を用いる）試験に進む。

　毒性の現れ方は急性，亜急性，慢性的なものに一般的には分けられるが，殺虫剤の DDT のように，物質によっては急性的にも，慢性的にも毒性が発現する例は少なくない。

　また，毒性の現れ方には動物の種間差，性差，年齢差があることもよく知られている。さらにこれらの差が何に起因するかも多くの知見が得られている。例えば，神経系，免疫系，内分泌系，薬物代謝系の違いなどは毒性の発現と大きく関わっている。従来，毒性といえばまず致死率が取り上げられ，LD_{50}（Lethal Dose：50%致死量）や LC_{50}（Lethal Concentration：50%致死濃度）がよく用いられてきた。急性毒性の場合，神経系や呼吸器系に障害を受けると急性的な影響が直ちに現れることが多いが，発がん性や催奇形性，生殖毒性などはある程度の時間が経過してから現れる。急性的な影響の場合は原因物質の究明にさほど時間を要しないが，慢性的な影響の場合は因果関係を明らかにすることが困難な場合が少なくない。我が国

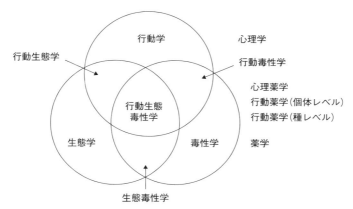

図 6-1　行動生態毒性学と他の分野との関係（Dell'omo, 2002）

の公害問題の原点といわれる水俣病は公式的な患者第 1 号の発生から 60 年余を経た現在も患者の認定をめぐって，今もなお訴訟が継続している。化学物質の毒性が生きるか死ぬかに直接的に関わっているとき，またヒトも野生生物も外見的に健康を損ねていることが分かる時はそれなりの対応が可能であるが，化学物質が動物の行動に影響するような事例，すなわち行動毒性学（Behavioral Toxicology），または行動生態毒性学（Behavioral Ecotoxicology）の分野はまだ歴史が浅く，今後の重要な研究分野となるであろう。本章ではいくつかの生物を例に挙げ，化学物質が行動に及ぼす影響について述べる。従来の学問体系と行動生態毒性学の関係を図 6-1 に示しておく（Dell'omo, 2002）。

　行動毒性学（Behavioral Toxicology）は毒性物質が脳の機能に及ぼす影響を調べることである。それは毒物の第 1 段階の影響はまず行動に現れるであろうとの仮定に基づいている。また，行動奇形学（Behavioral Teratology）は行動の異常が母胎内で化学物質に曝露されることによる影響として現れることについて扱う。中枢神経系に作用する化学物質は生体にいろいろな行動変化を引き起こすため，行動毒性試験はこの行動変化の中でも生体に有害な影響を及ぼす化学物質の作用を評価することを目的としている。行動毒性試験は化学物質の人体影響を明らかにする目的でこれまではラットやマウスを用いて行われてきたが，ヒト以外の野生生物への影響を把握するために，鳥類や魚類を対象とした野外調査および飼育実験が実施され，かなりの知見が集積されてきた。行動毒性試験ははじめに，化学物質を投与したときの動物の反射的応答や自発反応の観察と測定を行い，化学物質の大まかな特

徴をとらえる。次に運動機能，感覚機能，記憶，薬物依存性などの高次機能に対する化学物質の影響を精密に観察し，必要に応じて原因物質の化学分析を行う。野生生物の場合，食う - 食われる関係において捕食者に対する逃避行動の観察なども取り入れられる。

第1節　ヒトにおける行動毒性学

外因性の化学物質による脳の病気や障害には毒性メカニズムがよくわからないものが多い。脳や神経系には100種を超える情報化学物質がある。代表的なものが神経伝達物質で，神経細胞同士の電気信号のやりとりやその調節機構にかかわっている。これらの情報化学物質にはそれぞれ受容体があり，後述する内分泌撹乱物質（環境ホルモン）と同様に，脳内の調節機構に支障をもたらす神経撹乱物質が存在することは十分予想される。そのような概念を図6-2に示した（黒田，1988）。

動物の体は，本来的には人工の化学物質の侵入をまったく予想しないでつくられている。しかし細かく言えば，天然物の中には，有機ハロゲン化合物などを含め，動物の体に何らかの生理活性を示すもの，あるいは有毒なものは相当な数に上る。例えば放線菌などが産生するクロロマイセチンやクロロテトラサイクリンなどの抗生物質は有機塩素化合物である。そもそもある物質が有毒であるかどうかは取り込む量に左右される。500年前にスイスの医師パラケルスス（1493頃～1541）はいみじくも「すべての物質は毒である。毒でないものは何もない。正しい投与量が毒と薬とを区別する」といっている。脳の発達過程で化学物質の影響を最も受けやすい時期は胎児期から乳児期である。この時期には成熟脳でみられる血液脳関門はできあがっていないか，または未発達で，母体からの血液を通じて，あるいは母乳を介していろいろな化学物質が脳内に侵入する。環境中の化学物質が胎児の脳の発達に及ぼす影響について，疫学調査の結果，米国の五大湖で取れたサケなどを食べた女性から生まれた子どもに体重減少，行動性の低下および知能の低下が報告されている（Jacobson & Jacobson, 1996）。汚染魚を大量に食べた母親の血中や母乳中には高濃度のPCBが含まれていた（Schwartz et al., 1983）ことからPCB，とくにPCBの水酸化体が危険因子であろうと言われている。

低濃度の鉛への曝露が子どもの知能指数IQに及ぼす影響に関して，鉛への曝露履歴は血液と歯の鉛濃度の測定から推定しIQとの関係をメタ分析により調べた結果，鉛曝露は子どものIQを低下させるといわれている。鉛は血液 - 脳関門を通過

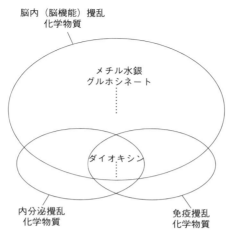

図6-2　環境化学物質の多様性，化学毒性物質の作
　　　　用部位（各種受容体など）の分布に基づく
　　　　大まかな機能（発達）障害の分類，お互い
　　　　に重なっている部分も多いが，脳の機能と
　　　　その発達を攪乱する物質が最も数が多い
　　　　（本文参照）と思われる。逆にいうと脳
　　　　（ことに発達期の脳）が最も外因性の化学
　　　　物質群に弱い（黒田，1998b）。

し，中枢神経系を中心に毒性症状を示すことが知られている。20世紀の初め，英
国の工場監督者は陶磁器工場で働いているうちに鉛の曝露を受けた女性は不妊の傾
向が強いか，それらの女性の子どもがしばしば短命であることに気づいていた。子
ども時代に鉛の曝露を受けた児童が，学校生活に支障をきたす，あるいは行動に問
題がある児童が多いことが報告されたが，影響が見られないという逆の結果も得ら
れている。その後，1970年代に入り，新生児の臍帯血中の鉛濃度が測定され，郊
外に住む母親から生まれた新生児よりも都市部に住む母親から生まれた子どもにお
いて，高い鉛濃度が検出された。さらに，臍帯血中の鉛濃度が高かった児童では2
歳児程度の低いIQスコアが認められた（Bellinger et al., 1987）。これらの結果は
妊娠中の鉛曝露が出生後の子どもに行動異常をもたらすことを示している。
　水銀はその化学形によって金属水銀，無機水銀および有機水銀に分けられ，それ
ぞれは生体内で異なった部位に蓄積し，毒性を発現する。メチル水銀などの有機水
銀は神経障害を示すことが知られている。水俣病はアセトアルデヒド合成の過程で
触媒として使用された無機水銀（酸化水銀HgO）が製造工程中にメチル水銀に変

化し，これが沿岸域に放出され，水俣湾の魚介類に蓄積され，汚染した魚介類を食した人々，とくに漁師の家族に発症し，脳の機能障害が視覚，知能および運動機能に支障をもたらしたのである。

　病気には何らかの前兆があるといわれる。水俣病の場合，患者第一号発生（1956年）の2年前に「猫が狂い死に！　漁師の家で全滅！」という記事が新聞に掲載され，この時点でこのことを真剣に取り上げていれば，水俣病の解決は早かったかもしれないといわれている。水俣病はまず子どもに現れた。一般に，生理学的弱者，例えば赤ちゃん，老人，病弱な人など環境中で弱い人に影響がまず出る，また漁師の家族のように自然とともに生きている人たちに健康被害がまず生じる（原田，2004）。水俣病では感覚障害，運動失調，視野狭窄など行動そのものに影響が出るが，それだけが水俣病の症状ではなく，内臓をはじめあらゆる組織・器官に異常が見られ全身病とも言われている（白木，2001))。また，毒物は胎盤を通過しないのが定説であったが，胎児性水俣病からも明らかなように妊娠中に汚染した魚を食べた母親からメチル水銀が胎児に移行し，逆に母親の症状が軽くなったことが知られている。そして胎盤を通過した水銀が胎児の脳に達し，胎児性水俣病の発症に至った。

　このことを白木は妊娠ラットに有機水銀（標識したメチル水銀）を投与すると速

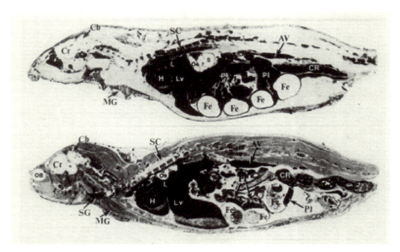

図6-3　妊娠ラットに塩化水銀またはメチル水銀を動脈注射したときの全身オートラジオグラフ（白木，2001)

やかに（20 時間以内）胎児に移行するが，無機水銀ではこのようなことが起こらないことを明らかにした（図 6-3）。

　脳の機能に障害を与える化学物質は上述の有機水銀をはじめとした重金属，有機溶剤および農薬類がとくに重要である。

第 2 節　マウスやラットにおける行動毒性学

　母体内での曝露について水俣病の例を述べたが，実験動物としてよく用いられるマウスやラットで数種の化学物質が行動に及ぼす影響について以下に述べる。哺乳動物，鳥類，魚類などの繁殖行動には性ホルモンが大きく関わっているが，1990 年代に入り世界中で注目された内分泌撹乱物質（環境ホルモン），特に女性ホルモン（エストロゲン）様物質についてはぼう大な知見が得られ，行動毒性学的研究が脚光を浴びることにもつながった。妊娠ハツカネズミ（*Mus domesticus*）にジエチルスチルベストロール（DES：合成女性ホルモン，1970 年代まで流産予防薬として使用された），*o,p'*-DDT（殺虫剤 DDT の代謝産物で，エストロゲン作用あり）およびメトキシクロル（殺虫剤，エストロゲン作用あり）を経口投与したときに出生後のオスのマウスの尿標識（urine mark）やオス同士の攻撃行動（intermale aggression）を基準に行動毒性が調べられている。urine mark や intermale aggression には神経内分泌や遺伝的なメカニズムが関わっているが，オスの社会的な地位やテストステロンにより影響を受ける。また，オスのマウスの尿中には他のマウスの行動や生理に影響するに匂い物質（フェロモン）が含まれており，これがオス同士の攻撃行動を引き起こしたり，メスを惹きつけたりすることになる。urine mark は潜在的な侵入者に対して縄張り防衛や支配者的な地位の表現の役割も果たしている。3 種の化学物質に対する 1 時間当たりの urine mark は図 6-4 に示したとおりである。DES では 0.02〜2 ng/g 体重／日を投与したとき，尿標識行動は明らかに増加したが，さらに高い投与量になると，むしろ低下した。*o,p*-DDT やメトキシクロルについても，DES の場合よりもはるかに多量を投与したときではあるが，尿標識行動は上昇した。これらの結果から，胎児期にこれらの化学物質に曝露されると，尿標識行動に明らかな変化をもたらすことがわかった（Parmigiani et al., 1998）。

　有機リン系殺虫剤のジメトエイトに曝露したトガリネズミ（*Sorex araneus*）では行動にどのような変化が生じるか，また脳のアセチルコリンエステラーゼ

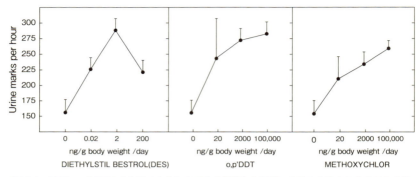

図 6-4 DES, o,p'-DDT またはメトキシクロルを摂取した妊娠マウスから生まれたオスの成体による 1 時間あたりの尿標識回数 (Parmigiani et al., 1998)
横軸：妊娠期間 11〜17 日の間に投与された各化合物の体重 1 g 当りの量。マウス尿中には蛍光物質を含ませている

（AChE）活性との関連はどのようかが調べられている（Dell'omo et al., 1997）。アセチルコリンは神経伝達物質として神経のシナプス前終末部から放出され，シナプス後膜に存在するアセチルコリン受容体に結合することにより興奮を伝達する（図 6-5）（亀井ら，2002）。アセチルコリンエステラーゼはこのアセチルコリンを加水分解し，神経刺激の持続を遮断する役割を担っている。このアセチルコリンエステラーゼが阻害されるとシナプス間隙に放出されたアセチルコリンが蓄積し，シナプス伝達が過剰となり，ヒトでは全身けいれん，呼吸筋麻痺，嘔吐，頭痛，興奮，錯乱状態，意識混濁などの中毒症状を引き起こし，重度の場合は死に至る。ヒト以外の野生生物でも神経系の仕組みは本質的には共通であるため，鳥類や魚類でも同様の状況が生じると考えてよい。

トガリネズミは草地，池垣，農地，雑木林などに生息しており，害虫の駆除のために散布された殺虫剤に直接曝露されるか，または殺虫剤で汚染されたミミズなどの無脊椎動物を餌として摂取することにより，ジメトエイトに直接的または間接的に曝露され，何らかの影響を受けると考えられる。このことを確かめるために亜急性的な影響が見られる量（50 mg/kg）のジメトエイトを腹腔内に投与し，同時に脳のアセチルコリンエステラーゼ（AChE）活性が測定された。その結果，投与後 1.5〜3 時間において探査行動（exploring），後ろ足で立つ行動（rearing），クンクンとにおいをかぐ行動（sniffing）が対照群と比べて低下した。また，空き地を横切る行動（crossing）も低下し，さらに実験地の隅にうずくまっている時間

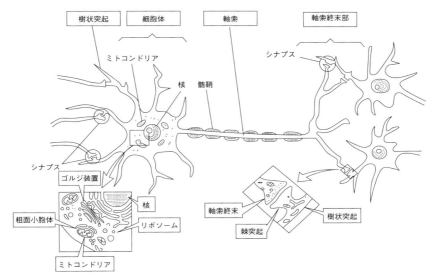

図6-5　神経細胞の基本構造（亀井ら，2002）

（time in corner）が増加した（図6-6）。脳のAChE活性（図6-7）はジメトエイトへの曝露により明らかに抑制されたが，その後徐々に回復する傾向が見られた。しかし，投与12時間後も対照区のレベルにまで回復することはなかった。曝露区のトガリネズミにおけるrearing，exploringおよび横切り行動はAChE活性と明らかに同調していた。このことは有機リン系殺虫剤への曝露の生物学的な指標として脳のAChEを測定することは有機リン系殺虫剤が動物の行動に及ぼす影響を把握するうえで有効であることを示している（Dell'omo et al., 1997）。

　近年，ネオニコチノイド（ネオニコ）系の殺虫剤の生体影響が注目されている。世界中で広く使用されてきたネオニコ系の殺虫剤は1990年代に開発され，ニコチン性アセチルコリン受容体に結合し，神経を持続興奮させることで昆虫を死に至らしめる。この殺虫剤はセイヨウミツバチが大量に失踪する「蜂群崩壊症候群（Colony Collapse Disorder: CCD）の原因の1つとして疑われているだけでなく，水田を生息地としているアキアカネなどのトンボ類が近年，急速に姿を消しつつあることにも関わっているのではないかと危惧されている。田面水や河川水中において数種のネオニコ系殺虫剤の濃度レベルが調査され，愛媛県四万十川支流で，ネオニコ系のニテンピラムが7.8 μg/Lの濃度で検出されている（河野，2013）。ミツ

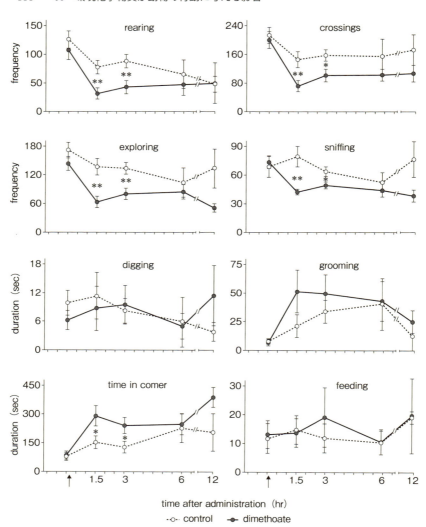

図 6-6　ジメトエイトを 50 mg/kg, 腹腔内単回投与したとき, トガリネズミの行動におよぼす影
　　　　響の経時変化 (Dell'omo et al., 1997)
薬剤投与後の適用な間隔でトガリネズミを実験用の空き地に放し, 行動を 10 分間観察する
$* p < 0.05$, $** p < 0.01$

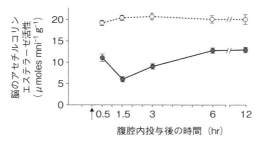

図 6-7　ジメトエイトを 50 mg/kg，腹腔内単回投与後の
トガリネズミにおける脳内アセチルコリンエス
テラーゼ活性の経時変化（Dell'omo et al., 1997）
↑：腹腔内投与した時間を 0 とする

バチは日常的に小河川やみず溜りの水を飲む行動が観察されている。摂水と汚染された花粉や花蜜の摂取が毒性発現に関わっている可能性が強い。また，ネオニコ系殺虫剤が子どもの健康に及ぼす影響が危惧されており，マウスを用いた実験で妊娠6 日目から出産後 21 日目まで 1 日体重 kg あたり 1 mg（低用量群），10 mg（高用量群）のネオニコ系殺虫剤のアセタミプリドを 35 日間経口投与し，胎盤経由と母乳経由で曝露したときに胎仔や新生仔に行動異常が起こるかどうかが調べられている（前川ら，2016）。照明が当たる明箱と照明がまったく当たらない暗箱が狭い通路で連結された明暗箱装置（図 6-8）を用いて不安行動が観察されている。マウスは暗所を好むため，通常は暗箱に滞在する時間が長くなるが，アセタミプリド高用量群，低用量群いずれも雄マウスは明箱に出てくる割合が対照群と比較して有意に増加したという（図 6-9）。動物実験で得られた結果が人間の子どもに直ちに適用できるかどうかはさらなる検討が必要であるが，重要な問題提起と考えられる。

第 3 節　鳥類における行動毒性学

　野生生物に対する殺虫剤の直接的な致死作用とは別に，1950 年ごろから猛禽類（ハヤブサ，ハイタカ，イヌワシなど）の卵殻薄層化に有機塩素化合物が関与し，その結果として卵の物理的破損，親鳥による卵の破損およびふ化率の低下が生じ，ひいては個体数の減少につながることがわかってきた。卵殻薄層化はカルシウム代謝の異常によるが，カルシウム代謝は女性ホルモンのエストロゲンにより調節されている。有機塩素系殺虫剤の DDT やその代謝物の DDE，さらに工業薬剤の PCB，

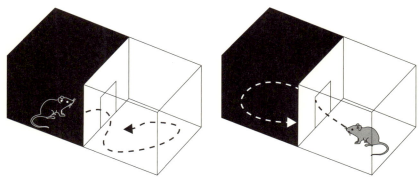

図 6-8　明暗箱試験の概要（前川ら，2016）
暗箱と明箱が狭い通路で接続された明暗箱にマウスを入れて 10 分間行動観察する。マウスは通
路を介して明箱と暗箱を自由に往来できる。暗箱の滞在時間が長いほど不安を感じる情動反応が
強いと考えられる。

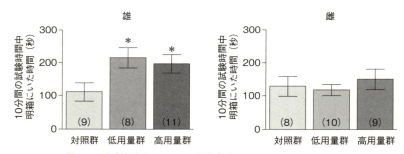

図 6-9　明暗箱試験における明箱滞在時間への影響（前川ら，2016）
雄特異的に明箱での滞在時間の延長が認められる。
$p<0.05$ vs 対照群（統計手法：分散分析およびフィッシャーの PLSD 法）（　）内は試験
した個体数

　殺虫剤の HCH などの有機塩素化合物は動物の薬物代謝酵素の活性を亢進させ，性
ステロイドホルモンを含めた体内の脂溶性化合物の代謝，分解を促進する。エスト
ロゲンの合成に異常をきたすとカルシウム代謝に支障をきたし，卵殻が薄くなるの
である。DDT や PCB などの有機塩素化合物はまた，つがい行動，求愛行動，巣
作り行動などの繁殖行動に阻害的な影響を及ぼすことや，メス同士のつがい形成な
どの異常行動を引き起こすことが知られている。1970 年代の初めに有機塩素系の
農薬の多くは環境中での残留性や生物への蓄積性のために，生産中止，使用の規制
などの措置が取られてきたが，それに代わって有機リン系やカーバメイト系の農薬

の使用が増加した。これらの殺虫剤は速効性であり，環境中での残留性が低く，生物への蓄積が生じにくいなどの理由でよく用いられてきた。しかし，有機リン系およびカーバメイト系殺虫剤の第一段階の毒性発現は神経系のアセチルコリンエステラーゼ活性の阻害であるが，これらの殺虫剤の鳥類への亜急性的影響については知見が少ない。既往の知見のうちのいくつかを以下に述べる。

　有機リン系殺虫剤の一種であるパラチオン（我が国では 1972 年に使用禁止措置が取られている）がワライカモメ（*Larus atricilla*）の巣の中における抱卵行動に及ぼす影響が調べられている。ワライカモメは抱卵作業を雌雄で均等に分担する。パラチオン投与後 3 日間にわたって昼間に，巣の中の鳥の数，雌雄のいずれが抱卵しているか，巣の上での鳥の活動性（羽根繕い，卵の向きを変える，卵を温める）を観察した結果，パラチオンを体重 1 kg 当たり 6 mg 投与したカモメでは 2 日および 3 日後において明らかに抱卵時間の短縮が認められた（White et al., 1983）。

　有機リン系殺虫剤のメチルパラチオンを 400 mg/kg の濃度で含む餌を 8 日間投与した 7 ヵ月齢のマガモ（*Anas platyrhynchos*）において産卵数および抱卵行動に及ぼす影響を調べた結果，殺虫剤の投与期間中は明らかに 1 日の産卵数が低下し，また抱卵期間中の巣の放棄などの異常が対照群よりも多く見られた（Bennett et al., 1991）。

　PCB 50 mg を含むカプセルを 17 週間投与したオスおよびメスのキジ（*Phaslanus colchicus*）をつがいとしたとき，産卵数の低下やふ化率の低下が明らかに認められ，またふ化した幼鳥の行動を実験的に，崖から深い谷または浅い谷へのいずれを好んで飛び降りるかを指標にしたとき，PCB を投与した親鳥からのヒナは深い谷へ飛び下りる（危険）行動をとる割合が高かった（Dahlgren & Linder, 1971）。

　PCB（Aroclor 1254）を含む餌（10 mg/kg）を与えて飼育したモリバト（*Streptopelia risoria* Linn）の繁殖行動に及ぼす影響を調べたところ，幼生の死亡率は投与区において高く，これは卵の温度の測定結果（図 6-10 および 6-11）から親鳥の抱卵行動の低下のためであろうと思われる（Peakall & Peakall., 1973）。

　ふ化後 12 日から 105 日までのダイサギ（*Ardea albus*）に塩化メチル水銀を含む餌（0.5，5 mg/kg）を投与したところ，魚を獲る行動の意欲が低下したり，物陰を探す行動も低下したことが報告されている（Bouton et al., 1999）。

　動物行動学の基礎を築いたのはコンラート・ローレンツ（鳥など），カール・フォン・フリッシュ（ミツバチのダンス），そしてニコ・ティンバーゲン（トゲウオ

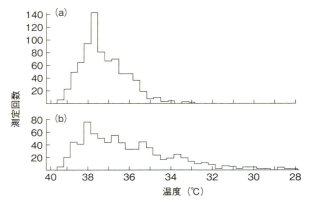

図 6-10   PCB を投与したモリバトが産んだ卵の温度分布
（Peakall & Peakall, 1973）
（a）対照区，（b）PCB 投与区

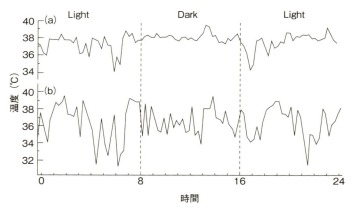

図 6-11   PCB を投与したモリバトが産んだ卵の 24 時間内における温度変化
（Peakall & Peakall, 1973））
（a）対照区，（b）PCB 投与区

など）の３人である。ローレンツはハイイロガンを用いて臨界学習期（刷り込みの時期）があることを詳しく調べている。その後，多くの研究者により鳥のさえずり学習に関する知見が集積されているが，その理由として鳥類は人工ふ化が比較的容易であること，自然状態と人工飼育の両者の比較が可能であり，また成体になるのも早いことが挙げられ，動物行動学の研究対象生物としてよく用いられてきた。さらに，音声分析装置（ソノグラフ）の開発により，鳥のさえずりが縄張りの宣言，

求愛，警戒などの行動において重要な役割を果たしていることもよく知られるようになった。上に述べたように，鳥類は行動毒性学の対象動物としても有効であり，今後この種の研究は一層発展するように思われる。

第4節　魚類における行動毒性学

　野生生物における行動毒性学はこれまでいろいろな動物について研究がなされているが，観察のしやすさ，飼育実験での検証のしやすさなどから魚類に関する知見が多い。また，多種多様な化学物質が陸上で使用され，環境中に負荷されたとき最終の到達点は河川，湖沼，内湾，沿岸域などの水域であり，水域は汚染物質のたまり場であるといえよう。魚介類は我々人類にとって貴重な食料源，タンパク源であるだけでなく，水域環境の変化をいち早く察知し，警鐘を鳴らす役割を担っている。これは炭鉱に持ち込むカナリヤと同じである。魚類は環境指標生物として古くから用いられており，サケ・マスは清浄な水域の指標，コイ・ドジョウ・フナは汚濁域の指標という具合である。確かに便宜的には問題はないかもしれないが，魚類に限らず，生物は非常に繊細な面と，したたかな面を持ち合わせており，例えばアユは清流を代表する魚であるが，有機汚濁が進んだ都市河川に遡上している例も知られている。また，魚類はラットやマウスと同じように実験動物として頻用され，農薬などの開発において魚毒性試験が義務づけられている。先にも述べたように，毒性試験は急性毒性，すなわち生きるか死ぬかを評価するところから，亜急性そして慢性毒性へと幅広くかつ細かな項目までを含む。急性毒性は致死的影響の把握を目的としているが，化学物質の致死的な影響濃度よりもはるかに低い濃度で水生生物は何らかのレスポンスをしていることは十分考えられ，それが行動毒性学の立脚基盤になっている。水生生物は化学物質によるストレスに応答する際にヴァラエティに富む補償的メカニズムつまり，行動学的，生化学的そして生理学的な手段により対処する。一般的には行動学的な応答が生化学的な変化に先行すると考えられ，"環境適応の生化学"の先駆者である Hochachka & Somero（1973）は「生化学的な適応はしばしば最後の手段（last resort）としてのレスポンスである」と述べている。1980年代に入って，魚類における行動毒性学の研究報告は増加しつつあるが，まだ新しい研究分野である。以下にこの30年間における知見を紹介する。

　淡水魚のファットヘッドミノー（*Pimephales promelas*）における行動毒性学的症候を，以下に示すように毒性メカニズムの評価の際の道具とする試みがなされて

いる（Drummond et al., 1990）。まず，流水条件下で水温を 25℃に保ち，急性毒性
を示す濃度で被験化合物に 96 時間曝露し，行動と形態の変化を克明に記録する。
次に，供試化合物が引き起こした行動の症候を大きく 3 つのグループに分け，各行
動の症候は毒性作用の異なるモードを表わすものと捉える。1 つは活動性が低い症
候群（Hypoactive）であり，移動行動が抑制され，刺激への反応性も低く，体色
も暗い。2 つ目は過剰活動症候群（Hyperactive）で代謝的に機能障害を生じてお
り（例えば酸化的リン酸化の非共役），その特徴としては移動行動が極度に亢進し，
刺激に対して過剰に反応し，呼吸活動も亢進している。3 つ目は魚体に奇形を生じ
る症候群（Physical deformity）であり，神経学的に機能障害を起こし（例えばア
セチルコリンエステラーゼ活性阻害），頻度高いひきつけ，手足の痙攣，脊柱側湾
症または前湾症および脊椎部位における出血などがその特徴である。この分類法は
化学物質の特異的な作用機構と作用部位を明らかにする際に有用である。この分類
法により身近な所にある 309 種類の化学物質をクラス分けし，約半数は第 1 のタイ
プ（Hypoactive, 49%），次いで第 2 のタイプ（Hyperactive, 28%），第 3 のタイ
プ（Physical deformity, 23%）であったという。これは大変な作業であったと想
像できるし，また，3 つのいずれかのグループに判定することが困難なケースもあ
ったと思われるが，魚類における行動毒性学の基礎を築いたものとして評価するこ
とができる。

　サケやマスの仲間は河川で産卵し，淡水域で成長した稚魚は降河回遊時期になる
と銀色の体色（銀毛と呼ばれる）に変態し（スモルト化という），海洋を回遊する
生活に移行する。このスモルト化や降河行動はアンドロゲンやエストロゲンなどの
性ホルモンの投与で抑制される（Munakata et al., 2001）。また，タイセイヨウサケ
（*Salmo salar*）に天然の女性ホルモンである 17β-エストラジオール（E2）や内分
泌撹乱物質（環境ホルモン）の一種の 4-ノニルフェノール（4-NP）を図 6-12 に
示した実験プロトコルに従い，体重 1 g 当たり 120 μg を 20 日間の間に 6 回注入し
たのち，小河川に放流すると下流に設けたトラップへ到達するのに要する日数が対
照群（10 日）よりも 8 日遅れる（18 日）ことがわかった（図 6-13）。このことは
エストロゲン様物質に短期的に曝露されるとスモルトの進行を阻害し，ひいては降
河回遊を阻害することを示している（Madsen et al., 2004）。

　サケ・マスは産卵のために自身が生まれた河川に帰る "母川回帰" 行動を示すが，
これも性ホルモンによってコントロールされている。したがって，サケ科魚類の回
遊，産卵行動の発現は性ホルモンによって制御されているため，内分泌撹乱物質の

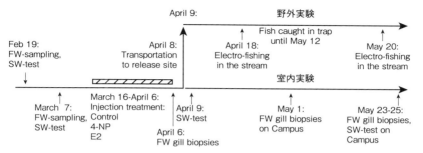

図 6-12　実験の手順の概要 (Madsen et al., 2001)

↑：タイセイヨウサケを取り上げ，鰓の生検を実施

海水適応試験の実施：3 月 7 日，4 月 9 日，5 月 25 日　薬剤の注入：3 月 16 日〜4 月 6 日（図中の斜線部分）薬剤注入区の一部の魚は 4 月 9 日に自然の小川に放流し，3.2 km 下流のトラップに入るまでを追跡した。もう一方の区は実験室で飼育し，生残数やスモルト化の進行を観察した。放流した魚が小川のどこにどれだけ生存しているかは 4 月 18 日と 5 月 20 日の 2 回にわたって，電気捕獲法により点検した。

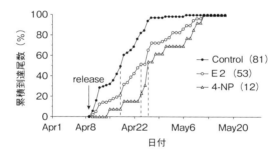

図 6-13　薬剤処理したタイセイヨウサケが放流箇所から
3.2 km 下流のトラップへ到達した累積尾数
(Madsen et al., 2001)

薬剤投与後の 4 月 9 日（図中の↑）に小川へ放流後，トラップに到達した魚の尾数は対照区が 81 尾，E2 処理区 53 尾，4-NP 区 12 尾であった。5 月 20 日に電気捕獲調査を実施したが，小川の中にタイセイヨウサケは認められなかった。各実験区の魚においてトラップへの累積到達数が 50 % を超えた時を図中の破線で示した。

影響を受けやすいと考えられ，成熟したサケ科魚類の遡上行動に対して，去勢（生殖腺除去）および E2 投与がどのような影響を及ぼすかが調べられている（生田ら，2006）。十分に精巣が発達した早熟雄の精巣を除去した去勢群，対照として開腹・縫合のみを施術した偽手術群に対して徐放性（徐々にホルモンを放出し長期間，血

中濃度を一定に保つ性質）を持つサイラステイックチューブに 500 μg の E2 をゴ
マ油に溶解して封入したカプセル（対照はゴマ油のみ封入）を腹腔内に埋め込み，
1 ヶ月間水槽で流水飼育したのち，図 6-14 に示した人工水路に移して各実験群が
上流池に達する遡上率を求めた。その結果，図 6-15 に示したように，対照群は
35％が人工河川を遡上したのに対し，去勢群は遡上率が 10％に過ぎず，有意に抑
制された。また，偽手術の早熟雄に E2 を投与すると遡上率は 70％まで促進され，
去勢オスでも 40％の遡上率を示した。このことは精巣から分泌されている性ホル
モンが遡上行動を促進していることを示している。通常，雄の精巣では E2 の分泌
は起こらないが，精巣で分泌されたテストステロンが脳においてアロマターゼの作
用によって E2 に代謝され遡上行動を促進すると考えられる（生田ら，2006）。
　このように，降河，産卵回遊，遡上行動などには性ホルモンが密接にかかわって
おり，性ホルモンに類似した作用を示す物質への曝露はサケ・マス類の行動に影響
することは明らかである。
　重金属類についても魚類の行動に及ぼす影響が知られている。ファットヘッドミ

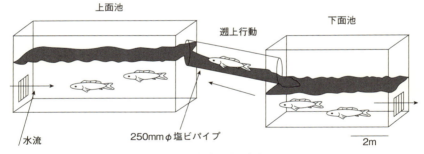

図 6-14　河川遡上行動観察用人工水路 （生田ら，2006）

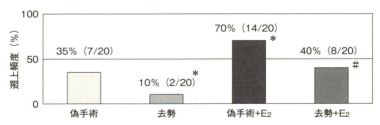

**図 6-15　サクラマス早熟雄に偽手術，去勢，およびそれぞれに E2 投与を施した実験
群の遡上頻度** （生田ら，2006）
＊および＃は，それぞれ偽手術群および去勢群に対する有意差を示す （p＜0.05）

ノー（*Pimephales promelas*）をいろいろな濃度のカドミウム（Cd）に曝露すると捕食者のオオクチバス（*Micropterus salmoides*）に攻撃されやすくなることが報告されている。Cd の急性毒性（24 時間 LC50）値が 0.375 mg/L であるのに対し，21 日間曝露における攻撃のされやすさは 0.025 mg/L で観察された。つまり，Cd に曝露された食われる側（Prey）の魚は行動パターンに変化，例えば異常な群れ形成などが生じ，その結果捕食されやすくなったと考えられる（Sullivan et al., 1978）。

　また，銅に 5 日間曝露するとニジマスの遊泳行動が阻害され，とくに pH 6 で銅に曝露（25 µg/L）すると影響は大きく，曝露を中止しても元に戻らない。さらに銅の存在形態（化学形）も大きく関わり，2 価の銅の影響が最も大きいことが確かめられている。重金属類に曝露すると鰓組織が損傷を受け，その結果，ガス交換効率が減少し，遊泳行動にも変化をきたすと考えられる（Waiwood & Beamish, 1978）。

　北米東岸産のコイ科の淡水魚であるゴールデンシャイナー（*Noteminigonus crysoleucas*）を 5 種の金属すなわちクロム（Cr-Ⅵ），銅（Cu），カドミウム（Cd），ヒ素（As-Ⅲ）およびセレン（Se）に曝露した時の忌避行動および急性毒性（96 時間半数致死濃度 LC50）が図 6-16 に示した装置で調べられている。忌避濃度は Cr-Ⅵ，Cu，As-Ⅲ に対してそれぞれ 73，26 および 28 µg/L であったが（図 6-17），Cd および Se では 68 および 3489 µg/L までの濃度において忌避行動は観察されなかった。一方，LC50 値は Cr-Ⅵ，Cu，および As-Ⅲ に対してそれぞれ 55.0，84.6 および 12.5 mg/L であり，忌避濃度よりも 2 ケタ以上高い濃度が得られた（Hartwell et al., 1989）。同様の結果がブルーギルサンフィッシュ（*Lepomis macrochirus* Rafinesque）においても得られ，急性毒性（96 時間 LC50）値の約 100 分の 1 の銅濃度（0.04 mg/L）で遊泳行動が抑制されることも報告されている（Ellgaard & Guillot, 1988）このように，単純な急性毒性試験だけでは環境中の化学物質の有害性を評価することができないことがわかるとともに，Cd や Se などの最も急性毒性が強い物質が必ずしも行動の異常を引き起こさないことも明らかとなった。

　製紙工場排水で汚染された小川に生息するカダヤシ（*Gambusia affinis holbrooki*）においてメスがオス化する（オスの尻鰭の形態を保有する）ことが知られているが（Howell et al., 1980），このことは室内飼育実験でも確かめられている。すなわち，メスのカダヤシは植物起源のステロールの一種のスティグマスタノールの分

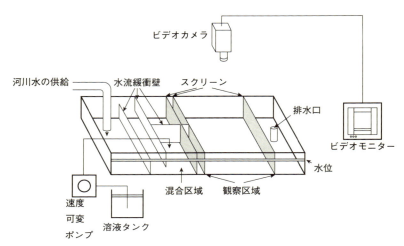

図6-16　ビデオカメラをセットした魚類の忌避試験装置（Hartwell et al., 1989）

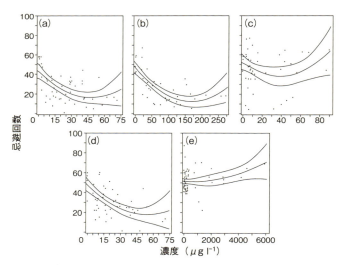

図6-17　室内忌避試験装置において Cu (a)，Cr (b)，Cd (c)，As (d) お
よび Se (e) に曝露したときのゴールデンシャイナーの忌避反応
（Hartwell et al., 1989）
図中の曲線は平均値（図中の中央の線）の 95％信頼限界を示している

解産物（おそらくステロイド）に曝露させるとオス化した（Howell & Denton,
1989）。北半球の沿岸域や平地に広く分布しているトゲウオ類の一種のイトヨのオ
スは繁殖期になると，水中の植物片や藻などを材料に巣作りをし，メスを迎える準
備をする。この巣作りの際にスピギン（オスの腎臓で合成され，排泄口から出され
る粘液性のタンパク質）を巣作りの際の接着剤として用いる。このスピギンの合成
は雄性ホルモンのアンドロゲンの支配下にあるが，メスのイトヨをアンドロゲンに
曝露させるとスピギンを合成することが確かめられている。上に述べたカダヤシと
同じように，パルプ工場廃水に曝露させたメスのイトヨがスピギンを合成している
ことがわかり，このことは排水中にアンドロゲン様物質が含まれていることを示し
ている。実際に，パルプ工場排水中にテストステロン（アンドロゲンの一種）の前
駆体のアンドロステンジオンが含まれていることも明らかにされている
（Katsiadaki et al., 2002）。これは成熟メスの肝臓でエストロゲンの助けにより合成
される卵黄タンパク前駆物質のビテロゲニンが，天然および合成のエストロゲンあ
るいはエストロゲン様物質の曝露をうけたオスによっても合成されることと対をな
す現象である。

　農薬や医薬品等について作用機構が異なる 5 種類の化学物質が 30 日令のメダカ
（*Oryzias latipes*）に対して，急性毒性（48 時間 LC50）および行動学的な影響がど
のようかが調べられている。急性毒性の強さは 0.0111〜24.1 mg/L の範囲にあり，
序列はパーメスリン＞クロルピリフォス＞ 2,4-ジニトロフェノール（2,4-DNP）＞
ストリキニーネ＞フェノールの順であった。行動学的な影響（落ち着き，一般的な
活発さ，刺激への反応）は 2,4-DNP 以外の化合物で明らかに認められた。例えば
パーメスリンは 0.009 mg/L 以上の濃度で，異常に過敏な遊泳行動が見られた
（Rice et al., 1997）。また，化学物質への曝露が魚類の行動（刺激に対する反応や捕
食者からの逃避行動）にどのような影響を及ぼすかを，メダカの大きさに応じた特
殊なチェンバーを作成し，電気生理学的にも調べられている。ふ化後 21〜32 日の
メダカを作用形式が異なる 8 種類の化学物質に亜急性毒性を示す濃度，例えばエン
ドスルファンでは 0.0004〜0.0016 mg/L，フェノールでは 10.9〜32.0 mg/L に曝
露した。その結果，ストリキニーネ以外の農薬や薬剤であるクロルピリフォス，カ
ルバリル，フェンバレレイト，エンドスルファン，フェノール，1-オクタノール，
および 2,4-ジニトロフェノールに曝露したメダカでは一般に，ブルーギルによる
捕食に対してより過敏になることが分かった（Carlson et al., 1998）。

　ふ化前およびふ化後の仔魚期のマミチョーク（*Fundulus heteroclitus*）をメチル

水銀や有機物で汚染された水域で飼育したとき，遊泳行動や捕食者に対する逃避行動がどのようかが調べられている。幼生時期および仔魚期を汚染水域で過ごした魚は異常に過敏な遊泳行動もしくは沈滞した遊泳行動を示した。さらに，これらの魚は捕食者（ブルークラップ）からの逃避行動においても劣っていた。おそらくメチル水銀への曝露によって異常に過激な遊泳行動が引き起こされたのであろう（Zhou & Weis, 1998）。

　数種の魚類について，いろいろな化学物質が行動におよぼす影響例を述べてきたが，化学物質の種類や濃度によって，行動が異常に亢進するか，または抑制されるかが異なり，このことが捕食者に対する逃避行動もプラスあるいはマイナスに影響すると考えられ，魚類における行動毒性学にも複数の要因が絡み合っていることが分かる。

　魚類をはじめとした水生生物の行動に及ぼす化学物質の影響に関する大半の知見は飼育実験によって得られたものである。このこと自体は重要なことであるが，野生生物が生息している環境で実際に起こりえるかどうかを検証することも大切である。飼育実験が現実的な条件下でなされているかどうかの第一のポイントは水中（曝露）濃度である。DDT，HCH，PCB などの有機塩素化合物の場合，大都市周辺の河川では 10 ng/L 以下である。淀川下流で 1974 年以来続けている調査の結果によると殺虫剤の HCH（1972 年使用禁止）は当初，0.2 μg/L 程度であったが，20 年後には 2 〜 3 桁低くなり，数 ng/L となっている（福島，2004）。使用禁止後10 年は水中濃度の低下は顕著であったが，その後の減少スピードは緩くなった。これは有機塩素化合物のように微生物分解を受けにくい化合物は使用後，田畑に長期間残留し，徐々に水系へ流入することを表わしている。さらに，HCH の場合，先進諸国での使用は禁止されたが，東南アジアでは今もなお使用されているといわれており，熱帯，亜熱帯で使用後，大気中に揮発した HCH は偏西風によって移送され，日本上空で雨水とともに地上に達する。実際に，雨水中の HCH 濃度が0.02〜0.04 μg/L であることも知られている。

　東南アジアの沿岸域における有機塩素化合物濃度は μg/L を超えるときもあるが，沖合の海域では一般に ng/L 以下である。飼育実験で通常，設定される濃度はμg/L〜mg/L で野外の環境とは相当な隔たりがある。しかし，有機塩素化合物のような水に溶けにくい性質をもつ化合物は食物連鎖を介して，また鰓から直接取り込むことにより，魚類における生物濃縮係数は 10 万倍を超えることもあり，組織・器官に高濃度に蓄積し，その結果毒性が発現する。例えば，1988〜1990 年，

北海，バルト海でアザラシの約2万頭が斃死した。最終的な死因はジステンパーウイルスによる感染であるが，斃死個体の調査から，体内に有機塩素化合物や重金属類を高濃度に蓄積していることがわかった。これらの汚染物質が免疫機能障害をもたらし，ウイルス感染に対する防御機構が働かなかったためといわれている。

　上にも述べたように，有機塩素系の化合物は環境中での残留性，生物への蓄積性および慢性毒性などの理由により，先進国では1970年代の初めに生産中止や使用の規制措置が取られてきた。レーチェル・カーソンの『Silent Spring（邦訳：沈黙の春）』を通じての警告が農薬等の化学物質の野放図な使用に歯止めをかけたことも大きい。有機塩素化合物に代わって，近年，多種多様な用途で使用されているのが先にも述べた有機リン系の化合物である。農薬としてまた難燃剤や可塑剤として使用され，年間で約2万トンが生産されているといわれる。これらは微生物分解性が高いこと，生物における蓄積性が低いことなどの性質を示すために，多用されてきたが，急性毒性はむしろ高く，殺虫剤の場合，動物のアセチルコリンエステラーゼ活性を阻害することが特徴である。したがって有機リン系化合物は行動毒性に大きく関わっている。筆者らは1989年から兵庫県武庫川水系において，有機リン系化合物の水中濃度の経年変化，季節変化，経日変化，さらに地点別変化を調べてきた。その結果，有機リン系の農薬の場合，散布時期を反映して5〜9月に高い傾向が認められ，濃度範囲はND（Not Detected 検出限界以下，1 ng/L 以下）〜100 ng/L であるが（図6-18）（川合，1996），時折，秋〜冬季に100 ng/L を超えることがある。これはユスリカの幼虫を駆除するために側溝や用水路に散布された有機リン系殺虫剤（フェニトロチオンやクロルピリフォスメチルなど）のためである。ユスリカは形態的に蚊に似ているが小型で，成虫になっても吸血はしない。春先や秋口から初冬にかけて大量に発生し，羽化すると屋外で乾燥中の洗濯物に付着するため，住民からの苦情が殺到する。また大量発生後の死骸がアレルゲンとなることがあり，自治体の関連部局により，水中の幼虫（ボウフラ）時期に殺虫駆除される。薬剤の散布地点の直下では1 mg/L を超えるが，流水により直ちに希釈され，約1 km 下流では数百 µg/L 以下のレベルとなり，急性毒性（LC50）値よりも低くなる。本章で問題にしている行動毒性に関しては試験を実施していないので確かなことは言えないが，忌避反応を起こしている可能性はあるかもしれない。

　有機リン化合物のうち難燃性可塑剤も近年注目されている物質群である。電気・電子機器類，室内の建材，農業用ビニール，フローリングのワックスなど用途は広い。毒性に関する知見はさほど多くないが魚毒性，神経毒性，変異原性を示すもの

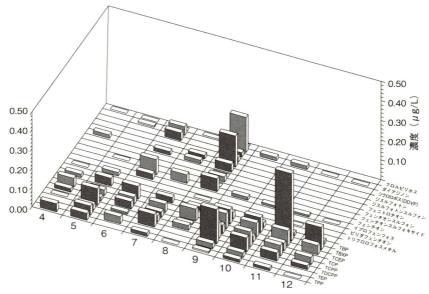

図6-18　淀川下流（毛馬橋）における有機リン化合物濃度の季節変化（川合，1996）

があることが知られている。筆者らは培養細胞の Hela 細胞を用いて，農薬も含め
た有機リン化合物9種の細胞増殖阻害から毒性を比較したところ，ダイアジノン，
フェニトロチオン，ジクロロボスなどの殺虫剤よりも TCP，TPP，TDCPP など
の有機リン系難燃性可塑剤の毒性の方が強いことがわかり（図6-19）（川合，
1992），要注意の物質群であるといえよう。このなかで TCP は神経毒であること
は19世紀の終わりごろから知られている。

　1997〜2003年の数年間，我が国がパニック状態ともいえる状況に陥った環境問
題は内分泌撹乱物質（Endocrine disruptors：我が国では環境ホルモンと呼ばれて
いる）である。欧米では1990年代に入りすぐに注目された問題であったが，流行
に左右されやすく，問題が生じるとだれもが飛びつく我が国の研究スタイルからす
ると，相当に出遅れたのは不思議である。環境ホルモン問題はあらゆる動物のホメ
オスタシスにおいて重要な役割を演じている内分泌（ホルモン）系の働きを阻害す
るかまたは異常に亢進させる物質で，とくに性ホルモンの場合は次世代の誕生に大
きく関わるので注目された。内分泌撹乱作用が疑われる物質を諸外国はリストにし
て公表したが，我が国も同様に1997年に67物質をリストにして示した。そのなか

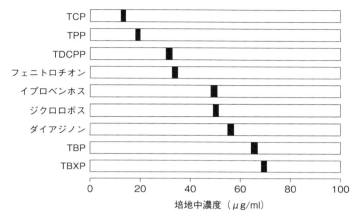

図 6-19　数種の有機リン化合物が HeLa 細胞の増殖に及ぼす影響（川合．1992）
図中の黒いバンドは 50％細胞増殖阻害濃度

で，海産の巻貝のメスにペニスや輸精管が生じる（これをインポセックスという）
現象が，沿岸域における有機スズ化合物の実際の濃度レベルによって生じることが
確かめられた。この化合物は船底にカキやフジツボなどが付着することを防ぐため
に塗料に加えられたが，有機スズ化合物は魚類に対しても強い毒性を示すことから
世界的に使用禁止措置がとられている。有機スズ化合物の例を除けば，DDT や
PCB などの有機塩素化合物の蓄積により猛禽類の卵殻薄層化，抱卵行動の異常，
ひいては個体数の減少が生じることについてはすでに述べたとおりである。しかし，
環境中の濃度レベルで，問題となる人工の化学物質は多くないことがわかってきた。
また，天然の女性ホルモンの 17β-エストラジオール（E2）やエストロン（E1），
また合成女性ホルモンのエチニルエストラジオール（EE2）の濃度が下水処理場の
放流口付近で高いことが明らかとなり，水生生物への影響が危惧されたが，現実的
に重大問題が生じたかどうかは明らかでない。内分泌撹乱というよりも内分泌活性
物質（Endocrine Active Substances）と捉えた方が正確かもしれない。沿岸域や
内陸部で採取した海水や河川水について（図 6-20），エストロゲン様物質を
Ishikawa cell（子宮内膜ガン由来細胞，エストロゲンの存在下でアルカリフォスフ
ァターゼ活性が上昇する）により測定した結果，下水処理場の放流口付近で採取し
たサンプル（新港南橋，上田 2，上田 3）で高い値が得られた（図 6-21）。しかも，
エストロゲン様物質の大半は天然の女性ホルモンの E1 と E2 で占められ，次いで
経口避妊薬（ピル）の主成分である合成女性ホルモンの EE2 が寄与していること

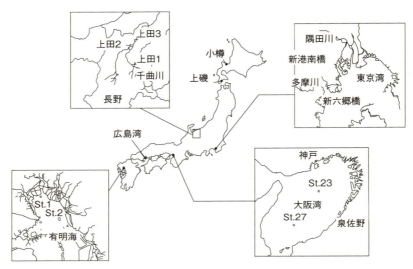

図 6-20　河川水および沿岸域の採水地点（松岡ら，2004）

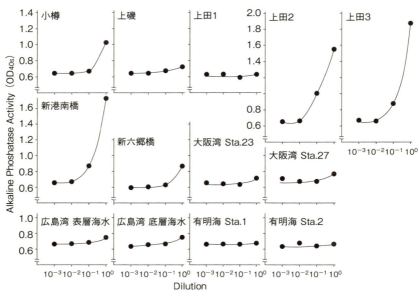

図 6-21　Ishikawa cell-ALP アッセイによる海水および河川水中のエストロゲン様物質
（川合ら，2006）

が再構成実験からわかり，採取した試水中のアルキルフェノール類やビスフェノールＡは関与していなかった（図 6-22）（松岡ら，2004；川合ら，2006）。飼育条件下では高濃度のエストロゲン様物質やその他の内分泌攪乱物質が用いられるため，オスがメス化するまたは，メスがオス化する現象が数多く報告されているが，現在の環境中濃度では上述の有機スズ化合物によるインポセックス現象を除けば，頻度高く起こるとは考えられない。行動毒性の中心は神経毒であると先に述べたが，生殖毒性物質は生殖行動に直接影響を与ええるため，次世代の誕生に大きく関わることになり，環境ホルモン問題が大きな社会問題としても注目されたのである。現時点では自然界で，繁殖にかかわる行動に悪影響を及ぼす化学物質についての報告例は少ないが，人間の目が届かないところでじわじわと進行している行動学的影響があるかもしれず，そのような視点を失ってはならない。

　我が国では環境ホルモン問題が 2005 年ごろからマスコミで取り上げられることが少なくなり，しりすぼみ状態を呈しているが，諸外国では WHO が中心となり，着実に研究が進められており，内分泌攪乱物質が神経系や免疫系に及ぼす影響の研究の必要性が強調されている。

　また，我が国では 2010 年から環境省が「子どもの健康と環境に関する全国調査（エコチル調査）を開始した。この背景には近年，子どものぜんそくなどのアレルギー疾患や小児肥満，先天異常，自閉症や学習困難などの心身の異常が増加していることがある。このエコチル調査は 10 万組の母子を対象とし，母体血，臍帯血，母乳等に含まれる化学物質などを測定するとともに，その健康状態を 13 歳まで追跡する，非常に大掛かりで息の長いコホート調査である。取り組み内容の中に精神神経発達分野が含まれており，曝露要因の評価と並行して発達障害および精神障害の評価が行われる予定で，問題行動，食行動異常，泣き行動，運動障害，不登校，不定愁訴，社会適応など精神症状の評価も実施される。この大型プロジェクトは環境ホルモン問題の延長線上にあり，成果が期待される。

第 5 節　おわりに

　有害な化学物質による陸上および水界の環境汚染を把握する際に，動物の行動は有効な指標となり，別の言い方をすれば格好の生物指標となることを述べてきた。小動物が農薬等にさらされると，急激なひきつけを起こし，一時的にマヒ状態になったり，捕食者からの逃避行動が抑制されたりする。しかも急性毒性が現れるより

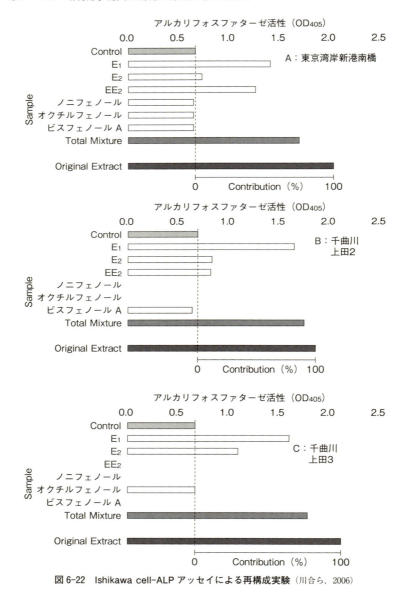

図 6-22　Ishikawa cell-ALP アッセイによる再構成実験（川合ら，2006）

もはるかに低い投与量または曝露濃度において行動への影響が生じる。つまり，化学物質に対する感受性が通常のバイオアッセイよりも高いのである。行動学的アプローチは動物を傷つけることなく，安価で，わかりやすく，さらに包括的である。その一方で，行動を数値化することは難しく，むらがあることも事実である。さらに，室内での行動毒性学実験は自然界に生息する野生生物の環境の諸要因をすべて包含することはできないことは当然であり，そのことを常に意識の底におかねばならないが，室内実験から得られる成果の意義も大きい。いずれにしろ，行動毒性学は新しい分野であり，環境科学の中で今後の重要課題とすべきであろう。

【引用・参考文献】

Bellinger, D., Leviton, A., Waternaux, C., Needleman, H., & Rabinowitz, M. (1987). Longitudinal analyses of prenatal and postnatal lead exposure and early cognitive development. *New England Journal of Medicine, 316*, 1037-1043.

Bennett, R. S., Williams, B. A., Schmedding, D. W., & Bennett, J. K. (1991). Effects of dietary exposure to methyl parathion on egg laying and incubation in mallards. *Environmental Toxicology and Chemistry, 10*, 501-507.

Bouton, S. N., Frederick, P. C., Spalding, M. G., & McGill, H. (1999). Effects of chronic, low concentrations of dietary methylmercury on the behavior of juvenile great egrets. *Environmental Toxicology and Chemistry, 18*, 1934-1939.

Carlson, R. W., Bradbury, P., Drummond, R. A., & Hammermesiter, D. E. (1998). Neurological effects on startle responses and escape from predation by medaka exposed to organic chemicals. Neurological effects on startle response and escape from predation by medaka exposed to organic chemicals. *Aquatic Toxicology, 43*, 51-68.

Dahlgren, R. B., & Linder, R. L. (1971). Effects of polychlorinated biphenyls on pheasant reproduction, behavior, and survival. *Journal of Wildlife Management, 35*, 315-319.

Dell'omo, G., Bryenton, R., & Shore, R. F. (1997). Effects of exposure to an organophosphate pesticide on behavior and acetylcholinesterase activity in the common shrew, *Sorex araneus. Environmental Toxicology and Chemistry, 6*, 272-276.

Dell'omo, G. (Ed.) (2002). *Behavioural ecotoxicology*. Chichester, West Sussex, UK: John Wiley & Sons.

Drummond, R. A., & Russom, C. L. (1990). Behavioral toxicity syndromes: A promising tool for assessing toxicity mechanisms in juvenile fathead minnows. *Environmental Toxicology and Chemistry, 9*, 337-346.

Ellgaard, E. G., & Guillot, J. L. (1988). Kinetic analysis of the swimming behavior of bluegill sunfish, *Lepomis macrochirus* Rafinesque, exposed to copper: hypoactivity induced by sublethal concentrations. *Journal of Fish Biology, 33*, 601-608.

福島　実（2004）．第 13 回環境化学討論会講演要旨集，66.

原田正純（2004）．水俣学講義（pp. 23-49）　日本評論社

Hartwell, S. I., Jin, J. H., Cherry, D. S., & Cairns, J. Jr. (1989). Toxicity versus avoidance response of golden shiner, *Notemigonus crysoleucas*, to five metals. *Journal of Fish Biology, 35*, 447-456.

Hochachka, P. W., & Somero, G. N. (1973). *Strategies of biochemical adaptation*. Philadelphia, PA: Saunders College Publishing.（藤田道也（訳）（1976）．環境適応の生化学―その分子論理―（上）（下）共立出版）

Howell, W. M., Black, D. A., & Bortone, S. A. (1980). Abnormal expression of secondary sex characters in a population of mosquitofish, *Gambusia affinis holbrooki*: Evidence for environmentally-induced masculinization. *Copeia*, No. 4, 676-681.

Howell, W. M., & Denton, T. E. (1989). Gonopodial morphogenesis in female mosquitofish, *Gambusia affinis affinis*, masculinized by exposure to degradation products from plant sterols. *Environmental Biology of Fishes, 24*, 43-51.

生田和正・棟方有宗・北村章二（2006）．魚類の産卵・回遊行動に及ぼす影響と作用機構 環境ホルモン―水生生物に対する影響実態と作用機構編集委員会（編）環境ホルモン（pp. 143-155）恒星社厚生閣

Jacobson, J. L., & Jacobson, S. W. (1996). Intellectual impairment in children exposed to polychlorinated biphenyls *in utero*. *New England Journal of Medicine, 335*, 783-789.

亀井浩行・野田幸弘・鍋島俊隆（2002）．神経行動毒性 日本トキシコロジー学会教育委員会（編）トキシコロジー（pp. 186-205）朝倉書店

Katsiadaki, I., Scott, A. P., Hurst, M. R. Mathiessen, P., & Mayer, I. (2002). Detection of environmental androgens: A novel method based on enzyme-linked immunosorbent assay of spiggin, the stickleback (*Gasterosteus aculeatus*) glue protein. *Environmental Toxicology and Chemistry, 21*, 1946-1954.

川合真一郎（1992）．河川及び港湾行の水中と底泥中の細菌による有機リン化合物の分解 環境技術, *23*, 18-23.

川合真一郎（1996）．水域の環境汚染物質に対するバイオリメディエーション 田祐三郎・日野明徳（編）生物機能による環境修復―水産における Bioremediation は可能か―（pp. 22-34）恒星社厚生閣

川合真一郎・黒川優子・松岡須美子（2006）．培養細胞を用いたスクリーニング 環境ホルモン―水産生物に対する影響実態と作用機構編集委員会（編）環境ホルモン（pp. 40-64）恒星社厚生閣

河野公栄（2013）．環境水中のネオニコチノイド系農薬―特に散布域の田面水と河川水の測定結果とミツバチへの影響について Endocrine Disruptor *News Letter, 15*(4), 2.

黒田洋一郎（1998a）．環境 化学物質と学習障害 科学, *68*, 470-474.

黒田洋一郎（1998b）．脳内攪乱化学物質と脳の発達障害 科学, *68*, 582-590.

Madsen, S. S., Skovbolling, S., Nielsen, C., & Korsgaard, B. (2004). 17-β Estradiol and 4-nonylphenol delay smolt development and downstream migration in Atlantic salmon, *Salmo salar, Aquatic Toxicology, 68*, 109-120.

前川文彦・佐野一広（2016）．ネオニコチノイド系農薬の発達期曝露が誘導する後発的な行動異常の検出 Endocrine Disruptor *News Letter, 19*(2), 2.

松岡須美子・黒川優子・中造真衣子・川合真一郎・山田 久・藤井一則・大久保信幸・松原孝博・西村定一・橋本伸哉・圦本達也（2004）．数種の in vitro アッセイを用いた我が国沿岸海水および河川水中のエストロゲン様物質の測定 水環境学会誌, *27*, 811-816.

Munakata, A., Amano, M., Ikuta, K., Kitamura, S., & Aida, K. (2001). The involvement of sex steroid hormones in downstream and upstream migratory behavior of masu salmon. *Comparative Biochemistry and Physiology* Part B, *129*, 661-669.

Parmigiani, S., Palanza, P., & Von Saal, F. S. (1998). Ethotoxicology: An evolutionary approach to the study of environmental endocrine-disrupting chemicals. *Toxicology and Industrial Health, 14,* 333-339.

Peakall, D. B., & Peakall, M. L. (1973). Effect of polychlorinated biphenyl on the reproduction of artificially and naturally incubated dove eggs. *Journal of Applied Ecology, 10,* 863-868.

Rice, P. J., Drewes, C. D., Klubertanz, T. M., Bradbury, S. P., & Coats, J. R. (1997). Acute toxicity and behavioral effects of chlorpyrifos, permethrin, phenol, strychnine, and 2,4-dinitrophenol to 3-day-old Japanese medaka (*Oryzias latipes*). *Environmental Toxicology and Chemistry, 16,* 696-704.

Schwartz, P. M., Jacobson, S. W., Fein, G., Jacobson, J. L., & Price, H. A (1983). Lake Michigan fish consumption as a source of polychlorinated biphenyls in human cord serum, maternal serum, and milk. *American Journal of Public Health, 73,* 293-296.

白木博久 (2001). 全身病—しのびよる脳・内分泌系・免疫系汚染　藤原書店

Sullivan, J. F., Atchison, G. J., Kolar, D. J., & McIntosh, A. W. (1978). Changes in the predator-prey behavior of fathead minnows (*Pimephales promelas*) and largemouth bass (*Micropterus salmoides*) cased by cadmium. *Journal of Fisheries Research Board of Canada, 15,* 446-451.

Waiwood, K. G., & Beamish, W. H. (1978). Effects of copper, pH and hardness on the critical swimming performance of rainbow trout (*Salmo Gairdneri* Richardson). *Water Research, 12,* 611-619.

White, D. H., Mitchell, C. A., & Hill, E. F. (1983). Parathion alters incubation behavior of laughing gulls. *Bulletin of Environmental Contamination and Toxicology, 31,* 93-97.

Zhou, T., & Weis, J. S. (1998). Swimming behavior and predator avoidance in three populations of *Fundulus heteroclitus* larvae after embryonic and/or larval exposure to methylmercury. *Aquatic Toxicology, 43,* 131-148.

07 細胞の分化・進化とストレス負荷

西田昌司

地球上にはさまざまな種類の生命が生息している。本章では，どのようにして生命が誕生し，多様な生命体のレパートリーを展開するに到ったかを，細胞レベルで概説する。特に環境からのストレスに対する適応のメカニズムの観点から，細胞レベルでの分化と進化について考えてみたい。

第1節　生命と細胞 (図7-1)

最初の生命の出現には，原始の地球に「海」が作られることが重要であり，有機物に富んだ海に初めての生命が芽生えた。それは，自己複製に長けた膜系であった。

■ 1-1　生命の誕生と海

約50億年前に生まれた原始の地球は，岩石を構成するケイ素を中心に多くの金属元素からできていた。しかし45億年前に「海」ができると，炭素，酸素，水素，窒素の4種類の元素を主な構成元素とし，これらが多数結合して形作られるさまざまな巨大高分子が作られた。巨大分子はそれぞれ多様な機能を持っていたと考えられるが，その中で自分のコピーを複製することができる分子が現れた。

この分子は現在の核酸の先祖と考えられ，立体構造が相補的な鋳型分子を介在させることにより正確に自己のコピーを作り，「子孫」を増やすことができた。自己複製には他の巨大高分子が使う元素を利用するため，核酸の先祖は数において他の分子を凌駕するようになった。

鋳型を利用することにより正確に自分と同じ子孫を増やすことが可能になった核

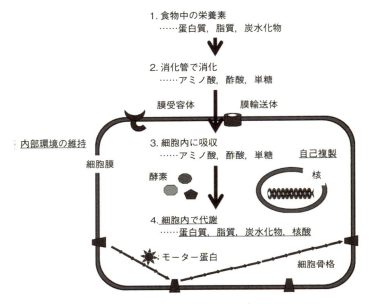

図 7-1　細胞の構成成分とその働き

酸の先祖ではあるが，広い原始の海の中で効率よく鋳型に適合する材料を集め，組み立てていくにはかなりの時間を要した。言い換えると，このような化学反応が起こる確率はいまだかなり低い状況にあった。自己複製の確率を上げるには2つの方法がある。1つは，材料を自分の周りに集めておくことであり，もう1つは組み立てを他の分子に助けてもらうことである。

　水中で必要な材料を手近に集めるには，仕切りを作りその中に必要な材料を格納しておくことが有効である。その仕切りとしては，水には溶けない物質がもっとも適しているため，現在の脂質の先祖が用いられた。脂質を周囲に張り巡らすことにより，外の環境とは異なり自己複製に適した内なる環境を作成し，維持することが可能となる。一方，自己複製の手助けをする働く分子としては，現在の蛋白質の先祖を用いることが有用である。蛋白質はより多くの種類の低分子が組み合わさってできているため，さまざまな複雑な立体構造を取ることができる。したがって，蛋白質は目的に応じた特異的な働きを行うことが可能となる。実際，鋳型に適合する分子同士を効率よく，正確に結びつけて，自己複製を行うには，このような蛋白質の働きが必須となる。

　このようにして，自己複製する核酸の先祖を中心に，蛋白質の先祖がその周囲で自己複製を助け，全体を脂質の先祖が包んで内部環境を作る構造体が，効率よく子孫を残し，数を増やして海中にはびこることになる。その際，自己複製を助ける蛋白質や脂質の先祖を作るための情報を核酸の先祖は自己の中に内包するようになった。これが脂質膜に包まれ，その中で多数の蛋白質がさまざまな働きを担い，その中心に自己複製する情報分子である核酸を持つ，現在の細胞の原型となる原始の細胞の誕生である。

■ 1-2　細胞生物学における生命の定義

　このようにして生まれた細胞を題材として，本章では生命現象を考えていく。生命の定義はさまざまな立場からなされているが，ここではもう一度，分子生物学の立場から生命の定義を考えてみる。生命の定義を考えるには，実際に生命を持つと思われるもの（生物）と生命を持たないように思えるもの（物質）の例を挙げて考えてみるとよい。ヒト，ひまわり，ミミズ，カビ，細菌，ウイルス，石，ロボット，ビデオテープ，塩，水。これらの中で生物はどれで，物質はどれであろうか。一般的には，ヒト，ひまわり，ミミズは生物であり，水，塩，ビデオテープ，ロボット，石は物質であるところまでは，異議のないところであろう。カビ，細菌，ウイルスに関しては，その実体に関して余り馴染みがないこともあり，生物か物質かで迷うかもしれない。

　大きさは？動くか？暖かいか？成長するか？などさまざまな観点で分類ができるが，生物の特徴として先ず思い浮かべるのは，自分で増えることができるかどうかであろう。先の例で生物としたものは，すべて自分で増えることができるものばかりである。ロボットやビデオテープは増えることもあるが，それはあくまでも人の手によって作られたりダビングしたりした結果である。そう考えると，カビ，細胞，ウイルスはどんどん増えていく生物である。ただし，ウイルスは単独では増えることができず，他の生物に寄生（感染）して初めて増えることができるので，生物と物質の中間にあると考えることもできる。このように，「自己増殖」により自分のコピー（子孫）を作ることが，生物の大切な定義と考えられる。

　このような自己複製をする生命体には，あと2つの共通の性質がある。まず，生物は，必ず外界との間に「仕切り」を持っていることである。人では皮膚，細菌では細胞膜が仕切りに相当する。これらの仕切は，生物が生きていくうえで最適な内部環境を保つ役割を持っている。また，別の観点から考えると，仕切は自己と他者

（あるいは異物）とを区別する役目も持っており，容易に他者と自己とが入り交じらないよう，また他者からの攻撃に対しても，「自己」を守っている。

　生命の持つもう1つの特徴は，活発に代謝を行うことである。さまざまな物質を作り，エネルギーを作り，情報を交換する。また，見落とされがちであるが，生命はエネルギーを利用して，あえて物質を壊すことも行っている。このような作る代謝（同化）と壊す代謝（異化）のスピードのバランスがとれているときには，見かけ上，生物は変化していないように見える。しかしその内部では，常に物質の入れ替わりが起こっている。あたかも鴨長明が方丈記に記したように，「行く川の流れは絶えずして，常に元の水にあらず」といった状態にある（代謝平衡）。また，同化と異化のスピードをコントロールすることにより，例えば，同化のスピードを上げて異化のスピードを落とすと，生物は成長する。逆に，異化のスピードが同化のスピードを上回ると，生物は萎縮する。

■ 1-3　最小の生命としての細胞

　細胞はこのような基本的な生命の性質をすべて持ち合わせており，現代の生物学，特に分子生物学では，細胞を最小の生命体として捉え，生命現象の解明がなされている。ここで現代における細胞の認識を，再度まとめておく。原始の細胞は，先に述べたように環境への適応と他の有機高分子との競争の中で，もっとも優位に立った構造体としてできあがった。核酸の相補性による自己複製，膜による内部環境の維持という生命の基本原理を備えた原始の細胞は，自己の複製と膜の維持を効率的に行うためにさまざまな代謝系を活発に働かせており，時と場所（環境）にもっとも適した代謝平衡状態を保っている。これは，後に述べる分化と進化を考えるうえで重要な概念である。

　したがって，現在の地球上に存在する生命の特徴を兼ね備えた生命体は，すべて細胞から作られている。小さいものはもっとも単純な単細胞である細菌（厳密な分類では，核酸の周囲に明確な核の構造を持たず，細胞内の構造も比較的単純なことから原核生物と言われる）から，ミドリムシやゾウリムシ，アメーバーのような原生動物（単細胞生物であるが，核や複雑な機能を持つ細胞内構造が存在する），さらには人間のような多くのそれぞれ異なる機能を持つ細胞が集まった多細胞生物まで，いずれも細胞からできている。

　すべての生物が細胞から作られているとして，その細胞は何から作られたのであろうか。生命としての細胞に共通の性質が明らかとなり，また生命体における細胞

の重要性が認識されるにつれ，人工的に細胞を作ろうとするさまざまな試みがなされてきた。近年の遺伝子工学の進歩により，核酸と膜系を用いた自己複製体作成は，かなりの進歩を見せている。しかし，生命と呼ぶに値する細胞は，いまだ人の手では作られていない。現在，地球上に存在する生命を形作る細胞は，すべて細胞の自己複製によって作られており，さかのぼれば，この地球上に最初にできた一個の原始細胞に由来すると考えることができる。

　別の視点から，細胞が何からできているかを考えてみよう。細胞は細胞から作られるとして，その材料は何であろうか。原始の細胞は，原始の海に溶けていた有機物から偶然できた核酸の自己複製能と，自己複製のための有機物を身近に集めておく脂質膜，これらを効率的に働かせるためのさまざまな代謝系によって作られた。現在の細胞で，これらの元になる材料は食物である。人はなぜ食べるのか。それは細胞を作るための材料を供給するためである。脂質，炭水化物，蛋白質の三大栄養素は，それぞれ細胞を作るための重要な部品となっている。脂質は細胞膜の材料，炭水化物は細胞を作り維持するためのエネルギー源，蛋白質はさまざまな代謝を行う細胞内の構造を作る。また，もっとも重要な自己複製体としての核酸は，炭水化物と蛋白質から作られる。

■ 1-4　細胞の多様性

　このように三大栄養素を材料として自己複製を続け，原始の細胞は現在の生物界を作り上げてきた。しかし，ひるがえって考えてみると，正確に自己複製を繰り返して子孫を増やし，優位に立った細胞の生存戦略から，どのようにして現在の多様な生物が生まれてきたのであろうか。そこには生物のもう1つの特徴である適応現象の存在が重要である。細胞は正確に自己を複製し，自分と同じ子孫を増やすことにより繁栄してきた。そのために，自己複製に有用な内部環境を，常に一定に保ってきた（恒常性）。しかし，細胞を取り巻く外部環境は常に一定とは限らない。例えば時間や場所により，四季の変化や気温，湿度などがさまざまに変化することの方が多い。外部環境の変化に対して内部環境の変化をできるだけ少なくするよう，細胞はさまざまに変化することができる。このような細胞の変化を適応と呼ぶ。

　例えば，細菌におけるトリプトファンというアミノ酸の合成を例にあげる。トリプトファンはさまざまな蛋白質の構成アミノ酸として重要である。環境中に十分なトリプトファンがある場合は，細菌は環境中のトリプトファンを利用する。しかし，いったんトリプトファンが減少すると，細菌はトリプトファンを自ら合成する性質

を獲得し，トリプトファンが少ない環境に適応する。このような適応は可逆的であり，環境中のトリプトファン濃度が上昇すると，細菌はトリプトファンの合成をやめる。

　これも細菌の世界の話であるが，抗生物質に対する耐性も，細胞の適応を考えるときには重要である。水分と栄養のある通常の環境では，細菌は数十分に1回と，非常に早く細胞分裂を行うことができる。そのため，人の体に細菌が侵入し，人の防御能が十分に働かない状態では，細菌は急激に数を増して人に障害を与える。そのために人はさまざまな抗生物質を開発し，細菌を殺してきた。しかし，抗生物質が存在する環境中でも，まれに生き残ることができる細菌が出現する。細菌の立場からは，抗生物質に対して適応して生きることができるようになったと言える。このような抗生物質耐性細菌は，抗生物質がなくなった後も，また細胞分裂して増えた後もその性質を失わず，異なる環境でも，また子孫も，同様の性質を持ち続ける。

　複雑な多細胞生物である人の場合，細胞レベルでの適応を考えるのは困難を伴うかもしれない。しかし，さまざまな特異的な性質を持つ細胞が集まっていること自体が，適応の結果であると考えることもできる。細胞は自分と同じ細胞を作るように細胞分裂する。しかし人の体は，マリモやボルボックスのように細胞分裂で増えた多くの同じ細胞の集合体ではない。皮膚，消化器，呼吸器，循環器，それぞれの場所にそれぞれの働きをする特徴的な細胞が存在している。これは，受精卵が成体へと成長する過程で，体の各部位の特徴的な環境に適応してきた結果と考えることができる。

第2節　細胞のストレス負荷 （図7-2）

　このような外部環境の変化とそれに対する生体の適応を，「ストレスとストレス応答」いう概念で説明することが可能である。「ストレス」とは，本来工学用語であり，外力によるひずみを意味する。例えば，アルミ缶を強く握るとアルミ缶はへこむ。このへこみをアルミ缶の「ストレス」と言う。アルミ缶の代わりにバネを強く押しても，バネはへこむ。しかしバネの場合は押している手を押し返そうとする力が働き，外力と釣り合うところで変形はとまる。また，押すのをやめると，ほぼ元の大きさまで，バネのひずみは戻る。

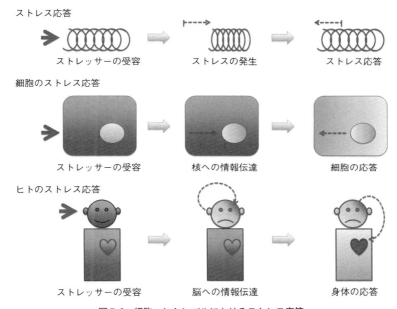

図 7-2　細胞，ヒトレベルにおけるストレス応答

■ 2-1　細胞のストレス応答

　生体現象にストレスの概念を応用したのはハンス・セリエが最初といわれている。生体に外界から加わる負荷を「ストレッサー」という。ストレッサーとしては，先のバネの例のように力学的なものがまず思い浮かぶが，温度や摩擦，気圧などの生体に影響を与えるその他のさまざまな物理的な因子や，水や塩分，栄養素，ホルモン，薬物や毒物などの化学的な因子も，またストレッサーと考えることができる。一方，生体内に抱えている内在性のストレッサーも存在する。例えば遺伝的に受け継いだ遺伝子の変異は，時として生体にとってのストレッサーとなる。

　このようなストレッサーにより生じた生体の「ひずみ」を，「ストレス」という。ストレスに相当する「ひずみ」としては，バネと同じような細胞の変形の他に，栄養不足による物質・エネルギー代謝の低下，細胞分裂能の低下，膜機能の低下などが含まれる。正常な細胞の形と働きからの変化のすべてが，細胞の「ストレス」と考えることができる。しかし，生体はどちらかというとアルミ缶よりはバネに近い性質を持っている。生体にひずみ（ストレス）をもたらすストレッサーを感知し，

それに適応してストレスに対抗する「ストレス応答」を行うことができる。

　例えば，外界の温度が低下すると，それにつれて生体内の温度も低下し，さまざまな生命反応が低下して死に至ることがある。そのため生体は生体内の温度の低下に対抗し，さまざまな発熱現象を起こす。その１つが，筋肉を使った「震え」の現象である。すなわち，筋肉はストレス応答のための発熱器官として働くことになる。このように，生体にはストレッサーまたはストレッサーによって引き起こされたストレスを感じる仕組みと，それを情報として捉えて考える仕組み，さらにその結論に従ってストレスを減らす反応を行う仕組みが備わっている。生理学では，ストレッサーを感じる部分を受容器，感じたストレッサーを伝える情報系を求心系，伝わった情報を処理する部分を中枢，処理した結果を伝える情報系を遠心系，最終的にストレスを減らす反応を行う部分を効果器と呼ぶ。

■ 2-2　ヒトのストレス応答

　ヒトのストレスを考える場合は「心理的」なストレスを考える場合が多いが，心理的なストレスに関しても，最初のストレスは化学物質や物理的な刺激として，五感を通じて感知する。したがって，この章では敢えて個体としてのヒトのストレス応答と，細胞のストレス応答を分けずに述べてみたい。実際に，ヒトは細胞の集合体であるため，ヒトのストレス応答は細胞のストレス応答の連鎖によって生じると考えるのが，この章の立場である。例えば，試験が近づき，胃が痛い日々が続いているとする。これはいわゆる「ストレスを感じている」状況であるが，この章では，さまざまな細胞のストレス応答の連鎖として，このような状況を捉えていく。

　この例の場合，教師から近々試験があることを「耳を通して」伝えられるか，カレンダーに記された試験の文字を「目を通して」認識することが，外界からのストレッサーとなり，ストレス応答が始まる。五感を通して認識された情報は，感覚神経の求心路を通って神経の中枢である脳に至るが，ここでは，感覚の一次中枢である視床における大まかな快・不快の判断や，それぞれの感覚独自の中枢を介してなされる快・不快の判断がなされる。前者では，いわゆる生理的な生存にかかわる判断がなされ，後者では，これまでの経験によって記憶され，学習した，より高次の判断がなされる。

　あくまで一般的にはであるが，「試験」というストレッサー刺激が聴覚を介してではあれ，視覚を介してではあれ，入力されると，「試験」にまつわる記憶には余り楽しいものはなく，また楽しくなかった記憶の方がより鮮明に呼び起こされたた

め，「不快」との判断がなされてしまう。これは感情においてのみの話ではなく，不快との判断に対しては，それに対応するための遠心系が活性化される。

　多細胞体としてのヒトのストレス応答の遠心系には，神経による応答とホルモンによる応答の2つがある。特に精神的なストレスを受けて生じる体の反応は自律神経系といわゆるストレスホルモンによる応答が中心をなす。「試験」に対する身体応答も，視床下部，下垂体における自律神経とホルモンによる応答を中心に生じる。その一例として，交感神経の活性化，副腎髄質からのカテコラミン放出，胃の防御能低下（消化管以外のストレス応答の代償として），胃炎・胃潰瘍の発症といった一連の反応が生じる。すなわち，精神的なストレスも，五感の細胞の受容体から始まり，快不快の感情やそれに伴う身体反応の連鎖を引き起こすことになる。

■ 2-3　ストレス適応とその破綻

　このように細胞はさまざまなストレッサーに対して適応を行い，多細胞生物でも個々の細胞のストレス応答の連鎖を引き起こす。しかし，どのようなストレッサーに対しても常に十分なストレス応答を行うことができるわけではなく，ストレスに対して細胞は適応機構が破綻し，細胞障害から細胞死を引き起こす場合もある。

　細胞が適応できなくなるストレスとしては，ストレスの程度が強く，長く持続する場合である。例えば，熱負荷に対して細胞は熱ショック蛋白質と呼ばれる一群の蛋白質の遺伝子発現を活性化し，熱によって傷害された細胞内の蛋白質の修復や処理を行う。しかし，一定以上の温度にさらされると，細胞内で遺伝子から熱ショック蛋白質を合成する代謝系自体の変性が起こり，熱ショック蛋白質によるストレス応答ができなくなってしまう。また，蛋白質合成系の活性化による新規の蛋白質誘導にも限度がある。したがって，長期にわたって熱負荷が加わった場合，適応現象として合成される熱ショック蛋白質の量に対して熱変性した蛋白質の量が多くなり，変性蛋白質が過剰に蓄積してしまうことにより細胞機能が低下する。

　一方，強酸や強アルカリなどの極端な負荷に対しても細胞は応答することができず，細胞膜の化学的な障害に対して細胞は適応することができない。これらの細胞が適応できないようなストレッサーは，一般的な地球の環境を考える場合には生じることがない状況であり，現在地球上に生存する細胞にとっては適応する能力を獲得する必要がなかったと考えることできる。ただし，例外として温泉にすむ好熱性細菌や胃の中にすむピロリ菌など極端な環境で成育する微生物は，それぞれ特殊な機構によって耐熱性，耐酸性を獲得している。

このようなストレス応答の不全による細胞機能の低下が生じると，細胞は生命活動を維持することができず，その結果，生命機能の破綻としての細胞死が起こる。複数の細胞からなる多細胞生物では，一部の細胞の死は生物の局所的な機能不全を引き起こす。ストレッサーが強大で持続する場合，死細胞の数が増加するにつれて機能不全が進み，最終的には個体の死がもたらされる。しかし，細胞は細胞分裂によって死細胞を補充することも可能である。残った細胞による再生が起こった場合には，個体の機能が回復することも多細胞生命体の特徴である。

第3節　分子レベルのストレス応答

このように細胞が細胞外からのストレッサーに対してストレス応答を行うことは，単細胞生物，多細胞生物を問わず，地球上のさまざまな生命活動の基本となっている。細胞がストレス応答を行う分子レベルでのメカニズムついて，考えてみる。

■ 3-1　ストレスを感知する分子機構（図7-3）

細胞が細胞外からのストレッサーに対して適応するためには，細胞がストレッサーによって「致命的な」障害を被る前に，素早くストレッサーを感知する必要がある。そのためにはストレッサーの到来を，細胞外で特異的にキャッチし，細胞内に伝える必要がある。細胞の表面に存在する膜受容体は，このような機能を果たすうえでもっとも適した構造体となる。

膜受容体は，蛋白質で作られている。蛋白質のもっとも重要な特徴は，蛋白質を構成するアミノ酸の組み合わせによりさまざまな立体構造を取り得ることである。生体を構成する20種類のアミノ酸には電気的な極性や電荷を持つ物や持たない物がある。蛋白質を構成する数十個から数千個のアミノ酸は，もっとも電気化学的に安定になるように，イオン結合や水素結合，疎水結合などの弱い化学結合でお互いが結合し合い，複雑で唯一の立体構造を作り上げる。したがって，細胞外のさまざまなストレッサーは，いわゆる「鍵と鍵穴」の関係で，受容体蛋白と立体特異的に結合することができる。すなわち，細胞は，細胞外にどのようなストレッサーがあるかを，どの受容体と特異的に結合したかで感知することができる。

感知に関係する蛋白質のもう1つの重要な性質は，蛋白質の立体構造が他の物質の相互作用の結果として変化しうることである。細胞外のストレッサーが，ちょうど相補的に結合する立体構造を持つ受容体と結合したとする。受容体のストレッサ

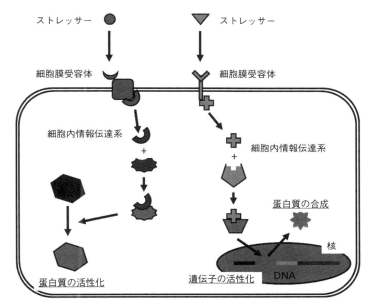

図7-3 分子レベルのストレス応答

ーとの結合部位は，ストレッサーが近づくことにより，ストレッサーの持つ電荷などによって物理化学的な環境が変化する。その結果，受容体の立体構造がストレッサーが結合していないときと比べて変化する。すなわち，受容体の構造が変化することによって，細胞はストレッサーが結合したことを感知する。

　この際，細胞外のストレッサーが結合する部位は膜受容体の細胞外に突き出た部分である。しかし，多くの膜受容体は細胞膜を横断し，細胞内にも突き出た部分を持つ。ストレッサーとの結合による細胞外部分（以下，細胞外ドメインと呼ぶ）の構造変化は，ドミノ倒しのように受容体蛋白質の立体構造を変化させていき，細胞内部分（以下，細胞内ドメインと呼ぶ）の構造も変化することになる。蛋白質のある部分の立体構造の変化が，同一蛋白質の離れた他の場所の立体構造を変化させることをアロステリック効果という。膜蛋白質の立体構造変化の連鎖によるアロステリック効果により，細胞外からのストレッサーの到来が細胞内に伝達される。

　膜受容体の細胞外ドメインはストレッサーと結合する役目を持つが，細胞内ドメインも多くは細胞内のさまざまな分子を特異的な基質とする酵素であることが多い。細胞外ドメインがストレッサーと結合した後に起こる構造変化—アロステリック効

果―により，細胞内の酵素部分が活性化される。このような不活性な酵素の活性化が，細胞外の情報を細胞内に伝えるメカニズムとなる。その他の細胞内ドメインの役割としては，GTP 結合蛋白質などアダプター蛋白質の結合や，チャネルとして情報分子の輸送などがあげられる。このいずれもが構造変化によって活性化され，細胞外の情報を細胞内へと伝達する役割を担う。

　細胞外でのストレッサーと受容体との結合は構造特異的に起こるため，ストレッサーの感知と応答は特異的な受容体を持つ細胞のみで起こる。また，同じ受容体を持つ細胞でも細胞によって細胞内に存在する蛋白質が異なるため，ストレッサーに対して細胞内で起こる反応はそれぞれの細胞によって異なることもある。例えばアセチルコリンというホルモンに対する細胞の反応は，心臓の筋細胞では収縮力の低下であるが，唾液腺の腺細胞では唾液分泌の亢進となる。

■ 3-2　ストレスを伝達する分子機構

　細胞外のストレッサーとの結合で受容体蛋白質の構造変化が起こり，ストレッサー増加という情報が受容体蛋白質の細胞内ドメインの活性化に変換されると，以後，細胞内の情報伝達系がストレッサーに応答すべく連鎖的に活性化されていく。

　受容体蛋白質の細胞内ドメインの役割としては，蛋白質のリン酸化と GTP 結合が有名である。活性化された細胞内ドメインは，基質となる蛋白質をリン酸化したり，GTP を結合させたりする。リン酸化や GTP 結合を受けた蛋白質は活性化され，さらに次の標的蛋白質の構造変化を起こし，活性化の連鎖ができあがっていく。細胞外のストレッサーをファーストメッセンジャーと考えて，このような細胞内で働く情報伝達物質をセカンドメッセンジャーと呼ぶ。代表的なセカンドメッセンジャーには，サイクリック AMP（cAMP）と呼ばれる環状ヌクレオチドと Ras と呼ばれる低分子 GTP 結合蛋白質がある。

　このように，細胞レベルでのストレッサーの感知とストレス応答のための情報伝達は，細胞膜の受容体蛋白質や細胞内のさまざまな有機物質の構造変化によって行われている。ここで2つのことに注意が必要である。まず，蛋白質の構造変化は，蛋白質機能の活性化のみではなく，不活性化をもたらすこともある。すなわち，あるストレッサーに対するストレス応答として，細胞機能を抑制して対応することもある。次に，いったん活性化された細胞内の情報伝達系は，いつかは不活性化されなければならないことである。したがって，細胞内にはリン酸化によって活性化された蛋白質を不活性化する「脱リン酸化酵素」も数多く存在する。

■ 3-3　ストレスに応答する分子機構

　最終的に細胞内の情報伝達系が細胞のストレス応答を起こすためには，細胞機能をつかさどる蛋白質の活性を変化させるか，核に働きかけて遺伝子発現を調節する必要がある。そのために細胞は，さまざまな機能を担う多彩なエフェクター蛋白質を持っている。細胞外のストレッサーの存在とストレスに応答するエフェクター蛋白質の機能亢進とを結びつけるために，上述の細胞内情報伝達系が存在する。細胞内情報伝達系の最後の分子がエフェクター分子の機能を亢進するには，すでに細胞内に存在する新たなエフェクター分子の活性を上昇させるか，核に存在する遺伝子を活性化してエフェクター分子を合成するか，2 つの経路がある。

　細胞内の情報伝達系が働きかける蛋白質としては，酵素や細胞膜の輸送体，細胞内小器官や膜を結び付ける細胞骨格などがある。これらの蛋白質も細胞内情報伝達を担う分子と同様に，リン酸化や GTP 結合などにより立体構造が変化し，活性が上昇する。その結果，酵素の働きが亢進して多くのエネルギーを産生したり，物質輸送活性が亢進して多くの栄養素を細胞内に取り込んだり，細胞内の物質移動や細胞形態の変化などが活発に起こったりすることにより，細胞はストレッサーに応答する。

　一方，細胞の持つ蛋白質量を増やすことによって，ストレッサーに応答する場合もある。例えば細胞に力学的負荷が加わった場合には，細胞骨格蛋白質を増やし，力に対抗することも可能である。この場合には，ストレッサーとしての力学的負荷を感知した細胞は，情報を核内の細胞骨格蛋白質の遺伝子に伝える。情報伝達系の最後の分子である転写因子は，ストレッサーと一対一に対応した蛋白質の遺伝子と特異的に結合して活性化する。活性化された遺伝子の情報はメッセンジャー RNA に転写され，細胞質のリボソームの働きで情報に従って蛋白質が新たに合成される（翻訳）。

　前者の既存の蛋白質活性化による応答は，細胞質における蛋白質の立体構造変化のみで対応できるために素早くストレッサーに対応することができる。また，立体構造を元に戻すことにより不活性化も簡単に起こる。一方，後者の蛋白質の新規合成は，情報を核に伝え，転写・翻訳のステップを経るため，効果を発揮するまでに時間がかかる。また，不活性化には蛋白質の分解系の働きが必要で，これにも時間がかかる。しかし，より持続的で強力なストレス応答が可能である。細胞はストレッサーの種類や強度に応じてこの 2 つを使い分けて，適当なストレス応答を行っている。

第4節　細胞レベルのストレス応答 （図7-4）

　以上，分子レベルでのストレス応答が細胞レベルの「目に見える」変化を起こし，細胞はストレッサーに対して適応していく。細胞レベルでのストレス応答は，①細胞の大きさに変化が生じるもの，②細胞の数に変化が生じるもの，③細胞の機能に変化が生じるものの3つに分けられる。

■ 4-1　細胞形態の変化

　細胞はそれぞれ固有の形態を持っているが，細胞外のストレッサーに対応して大きさを変えることができる。その際，状況に応じて大きさを大きくしたり小さくしたりしてストレス応答を行う。また，まったく異なった形を取ることにより，ストレス応答を行う場合もある。

　細胞のストレス応答としてもっともよく見られる形態変化は，肥大である。細胞を構成する細胞膜，細胞小器官，細胞骨格は，ストレッサーに応じて新たに合成され，細胞の体積を増やすことができる。例えば，力学的負荷の場合には力に対応するために細胞骨格蛋白質が新たに合成され，筋細胞が肥大する。また，ホルモン負荷に応じて細胞内の分泌顆粒が大量に合成され，腺細胞の肥大をもたらすこともある。

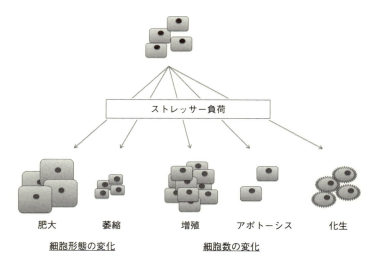

図 7-4　細胞レベルのストレス応答

　特殊な肥大の形態として，細胞内への過剰な蓄積が見られる場合がある。もっともよく見られるのは，脂肪細胞の脂質蓄積による細胞肥大である。ストレッサーとしての脂質が他の細胞に影響を与えないように，脂肪細胞が取り込み，隔離してストレス応答していると考えられる。また，細胞が代謝することができない金属や珪酸などの無機物を，細胞が取り込んで蓄積することもある。

　一方で，細胞のストレス応答として，細胞の大きさを小さくする萎縮によってストレッサーに対応する場合もある。細胞外の栄養が低下したり，ホルモンが減少したりするようなストレスが加わると，細胞内では物質合成のスピードが落ちるのみではなく，積極的に細胞内の分解系の活性を上げ，細胞外の環境ストレスに適応する。このような蛋白質分解系として，蛋白質がユビキチン化され，それを標識としてプロテオソームで分解される過程が注目を集めている。

　また，細胞の運動や形態変化も細胞レベルでのストレス応答として重要である。例えば細菌が感染した場合，細菌の菌体成分が化学的なストレッサーとなり，免疫細胞の細胞表面にある受容体と結合する。これにより免疫細胞は細菌感染を感知して細胞内でさまざまな変化を起こす。その1つとして，細胞骨格蛋白質を活性化し，組み換えることにより，免疫細胞は細菌に向かって「遊走」することができる。その結果，細菌の本体と結合した免疫細胞は細菌を飲み込むように形を変え，「貪食」することにより異物としての細菌を処理する。

■ 4-2　細胞数の変化

　細胞はサイズや形態の変化のみならず，細胞数を変えてストレッサーに対応することも可能である。多細胞生物は，細胞分裂の活性化による細胞数の増加（過形成）や細胞死による細胞数の減少により，ストレス適応を行う場合がある。

　例えば授乳期には，大量の乳汁を分泌することが必要となる。その際，乳汁分泌を促すホルモンがストレッサーとして細胞を刺激し，細胞内で乳汁の産生系が活性化される。しかし，産生系の活性化のみでは新生児の要求に応えるだけの乳汁を産生することができない。そのために，細胞分裂によって乳腺細胞の数を増加させて対応する。

　細胞分裂を引き起こす細胞内情報伝達系に関しては，近年，さまざまな知見が明らかとなってきた。細胞分裂を誘導するストレッサーの種類やストレッサーに対する酵素連結型受容体，さらに受容体が活性化する Ras などの細胞内の GTP 結合蛋白質や MAP キナーゼ系の働きが解明された。それと共に，「細胞周期」という概

念が確立された。細胞周期では DNA の複製や細胞質の増大，有糸分裂が規則正しく繰り返される。細胞周期を亢進するために周期的に合成されるサイクリンやサイクリン依存性キナーゼ，細胞周期を抑制する Rb など，多くの蛋白質とそれらの相互作用も報告されている。

　一方で細胞は，意図して細胞数を減らしてストレス応答する場合もある。例えば胎生期の免疫細胞は，細胞外のストレッサーに反応して自ら死を選ぶ。このような細胞の自殺をアポトーシスと呼ぶ。免疫細胞の例では，胎生期に細胞外に存在する物質はすべて「自己」由来であるため，自己と反応する免疫細胞は，出生までにすべてがアポトーシスによって消滅する。したがって，出生後に細胞外に存在する「異物」と反応する細胞のみが生き残る。もしアポトーシスによる自己反応性免疫細胞のストレス応答が正常に働かない場合には，自分の体を攻撃する免疫細胞が生き残り，いわゆる「自己免疫疾患」を発症してしまう。このようなアポトーシスによるストレス応答は，多細胞生物の形態形成時によく認められ，哺乳類の指の形成やオタマジャクシの変態などにおいて，重要な役割を果たしている。

■ 4-3　ストレス応答の破綻としての細胞死（図 7-5）

　以上，細胞形態や細胞数の変化による「目に見える」ストレス応答について述べてきたが，それ以外にも輸送体蛋白質の数の変化や酵素活性の変化など，細胞の見かけは余り変わらず，性質のみが変わるストレス応答（化生）も数多くある。細胞は細胞膜から細胞質，核に至るすべての細胞の構成成分を動員してストレス応答し，ストレッサーに適応していく。また，ストレッサーが消失すると，ほとんどのストレス応答はストレッサーが加わる前の状態に戻ることができる（可逆性）。しかし，このような適応反応は活発な代謝の亢進を伴い，多くの物質やエネルギーの合成と分解を必要とする。萎縮によるストレス応答においてでさえも，能動的な代謝過程には多くのコストが必要となる。したがって，ストレッサーに対する適応現象にも限界があり，長期にわたる強いストレッサーが加わった場合には物質とエネルギー代謝を維持することができず，細胞のストレス応答は破綻し，細胞死が生じる。

　細胞のストレス応答の破綻は，細胞の各部位のさまざまな形態学的な特徴によって検知することができる。細胞膜ではブレブと呼ばれる小空胞を作る。細胞質ではミトコンドリアや小胞体が腫大すると共に，核では染色体が凝集し始める。このような細胞の形態学的な変化は細胞障害を示すものの，これらの変化は可逆的であり，この段階でストレッサーが取り除かれれば細胞は元の状態に戻ることができる。し

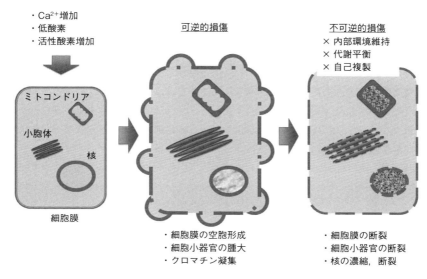

・Ca²⁺増加
・低酸素
・活性酸素増加

可逆的損傷

不可逆的損傷
× 内部環境維持
× 代謝平衡
× 自己複製

ミトコンドリア

小胞体

核

細胞膜

・細胞膜の空胞形成
・細胞小器官の腫大
・クロマチン凝集

・細胞膜の断裂
・細胞小器官の断裂
・核の濃縮，断裂

図 7-5　ストレス応答の破綻

かしさらにストレッサーが持続的に細胞に加わった場合には，細胞膜は断裂し，細胞内の小胞体やリソソームなどの膜系も融解する。さらにミトコンドリア内には高電子密度物質が沈着し，核も濃縮した後に融解や断裂を示す。このような変化はもはや不可逆的であり，ストレッサーが取り除かれたとしても細胞は元の状態に戻ることはできない。

　このような不可逆的な細胞障害をもたらす共通の障害因子として，細胞内カルシウムイオン濃度の上昇，酸素濃度の低下，活性酸素の発生の3つがあげられる。カルシウムイオンは蛋白質の活性調整を行う重要な細胞内セカンドメッセンジャーの1つである。したがって細胞内のカルシウムイオン濃度は厳密な調節を受けており，非刺激時の細胞質のカルシウムイオン濃度は，細胞外，小胞体内に比べて1万分の1程度のきわめて低い濃度に保たれている。ストレッサーによる細胞障害によってカルシウムイオン濃度が上昇すると，細胞を作る重要な生体高分子である蛋白質，脂質，核酸，および高エネルギー物質である ATP の分解酵素が活性化され，前述のような細胞の形態学的な変化を引き起こす。

　一方，酸素を利用したなエネルギー代謝を行う細胞では，低酸素はエネルギー産生を傷害し，細胞内の ATP 量を低下させる。その結果，エネルギーを必要とする

細胞内の能動的な活動が阻害され，膜系を維持することができずに細胞が崩壊する。活発なストレス応答により代謝が亢進した細胞では酸素需要が亢進するが，血流増加による酸素供給には限界があるために相対的な低酸素状態に陥り，不可逆的な細胞障害を引き起こすことになる。また，細胞の持つさまざまな代謝経路からは，反応の進行と共に活性酸素が産生される。活性酸素による細胞構成分子の障害を防ぐために細胞は抗酸化物質や抗酸化酵素など活性酸素に対する防御能を備えている。しかし，ストレス応答により活発な代謝を行う細胞では防御能の範囲を超えた活性酸素が産生され，細胞障害が生じる。

　以上のようにカルシウムイオン，低酸素，活性酸素が細胞を傷害する共通の障害因子となるが，これらの障害因子が攻撃する細胞にも，共通する脆弱な構造が存在する。細胞の定義，生命の定義として述べた内部環境を維持する細胞膜，代謝平衡をつかさどる細胞質，自己複製を行う核の３ヶ所が相当し，これらの箇所が傷害されることにより，細胞として，また生命として機能しない状態となる。この不可逆的な細胞障害の行き着くところが細胞死である。

第 5 節　ストレス応答と細胞の分化／進化（図 7-6）

　このようなストレッサーに対する細胞のストレス応答を，少し長い時間軸で眺めて，生物の分化と進化に関する考えをまとめてみる。多細胞生物であるヒトは，1個の細胞からできあがる。すなわち 1 個の受精卵から始まり，受精卵が細胞分裂を繰り返して多細胞体となり，約 10 ヶ月を掛けて次第に複雑な人体を構成していく。しかしまた別の時間軸で考えてみても，ヒトは 1 個の細胞からできあがる。すなわち，最初に地上に現れた 1 個の原始の細胞から始まり，細胞分裂を繰り返して多細胞生物となり，数十億年を掛けて脊椎動物となり，哺乳類となり，霊長目のヒトが誕生した。

　1 個の受精卵は，発生の過程においてさまざまな異なる形態と機能を持つ細胞に変化する。例えば，さかんに細胞分裂して，相互に固い細胞間接着で結びつく皮膚細胞も，細胞分裂も細胞接着もせずにシナプスと呼ばれる特殊な構造を作って近接する神経細胞も，同じ受精卵から作られる。2 つの細胞の持つ約 2 万個の遺伝子を比べると，基本的にはどの遺伝子も同じである。すなわち同じゲノム（すべての遺伝子の総体）を持つクローンであることが分かる。同じゲノムを持ちながらまったく異なる細胞となる理由は，それぞれの細胞の持つ 2 万個の遺伝子のうち，どれが

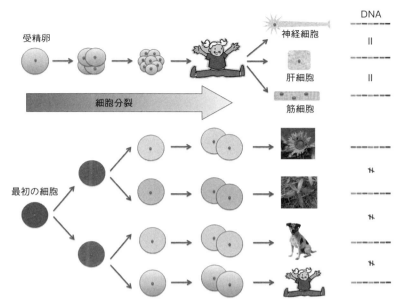

図 7-6　細胞の分化と進化

活性化されているかが違うからである。すなわち，利用している情報が異なるためにまったく異なる細胞になってしまう。遺伝子活性化は先に述べたストレス応答の結果起こる，受精卵からヒトを形作る過程で生じるさまざまな時期・部位による環境要因の差（ストレッサー）が，異なる細胞を生み出す。このような「環境」に適応した細胞の持つ遺伝子の活性化パターンの差を，細胞レベルでの分化と呼ぶ。

　一方，すべての生物は原始の 1 個の細胞から始まる。原始の細胞が細胞分裂を繰り返していくうちに，現在の地上に存在するすべての生物が生み出された。例えば，ヒトもミミズも同じ 1 個の原始細胞を共通の祖先として持つ。それぞれの生物の持つ遺伝子を比べると，類似するものもあるがゲノムとしてはまったく異なっている。数億年単位の長い時間経過の中で，環境中のストレッサーや細胞分裂時の DNA 複製の誤りなどによって遺伝子の変異が生じ，異なるゲノムを持つ「種」を生み出すものと考えられる。環境の変化により適応可能な性質を持つように遺伝子が変化した生物が生き残ってきた可能性も考えられる。このように遺伝子変異が積み重なってさまざまな異なる細胞ができあがることを，細胞レベルでの進化と呼ぶ。

第6節　細胞のストレス応答の利用と再生医療（図7-7）

　以上のように，生物はストレッサーに対して細胞レベルで適応するために，分化と進化の2つの戦略によって応答し，生き残ってきた。いずれにおいても環境に適応した性質を持つようになるが，分化では形質の元となる遺伝子のオンオフを切り替えるのに対して，進化では遺伝子の情報を書き換える。したがって，原則として前者の変化（スイッチのオンオフ）は可逆的であるが，後者の変化（遺伝子の書き換え）は不可逆的であり，進化を逆行することは不可能である。

　近年，細胞分化の可逆性が脚光を浴びている。ヒトの体はさまざまに分化した細胞からなる臓器でできている。これらの臓器に障害が起こった場合，細胞分裂を起こす前駆細胞が存在する皮膚や骨では，臓器を再生することが可能であるが，神経や筋肉に障害が起こった場合には，前駆細胞が存在しないために，再生は不可能とされてきた。しかし，細胞の分化が可逆的であるとすれば，皮膚や骨に最終分化した細胞の分化を逆行させ，神経や筋肉の前駆細胞へと分化の方向を変えることも可能である。言い換えれば，遺伝子活性化のパターンを皮膚や骨のパターンから神経や筋肉のパターンへと変化させることができるならば，再生可能な臓器を利用して再生不可能な臓器を再生することができるかもしれない。

　このような未分化細胞を臓器再生に利用する考えは，もっとも未分化な細胞である胚性幹細胞（ES細胞）を利用し，人為的に分化をコントロールすることでヒトのすべての臓器を作り出す手法に帰着する。しかし，ヒトの受精卵を利用するES細胞の作出には倫理的な問題があり，実用化にはさまざまなハードルがある。もし，成人の体から採取した分化細胞をもっとも未分化なES細胞の状態まで逆行させることが可能であれば，倫理的な問題もクリアーできる。このようなアイデアに基づいて作出されたのがiPS細胞であり，今後，iPS細胞の人為的な分化の方法が確立され，さらに複数の細胞と細胞外基質を組み合わせた臓器の作成が可能となれば，細胞レベルでの分化を利用した，臓器の再生が可能となろう。

　地球上には多様な生命体のレパートリーが誕生した。現在でも，日々，周囲の環境要因との間で情報のやりとりをしながら，細胞レベル，個体レベル，種レベルでさらなる進化と分化が続いている。また，そのメカニズムに関しても細胞や分子レベルで急速に理解されつつあり，これらの分子機構を利用したさまざまな実験的な試みも始まっている。さらにその成果の応用的な利用に関しては，例えば再生医療分野のように，これまで不可能であった疾患の治療などの無限の可能性が広がって

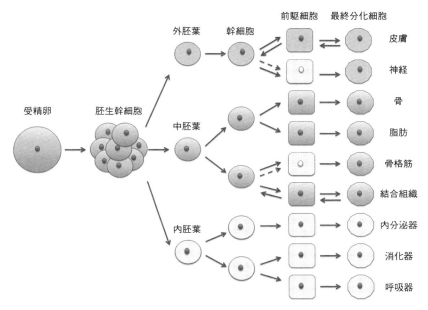

図 7-7　細胞の分化と臓器の再生

いるように感じる。しかし，人為的に生物の分化や進化を修飾していくことの是非
に関しては，今後，長期的に，自然科学のみならずさまざまな視点から検証してい
く必要がある。

【引用・参考文献】

Alberts, B., Bray, D., Hopkin, K., Johnson, A., Lewis, J., Raff, M., Roberts, K., & Walter, P. (2004). *Essential cell biology* (2nd ed.). New York: Garland Science.（中村圭子・松原謙一（監訳）（2005）．Essential 細胞生物学（原書第 2 版）南江堂）

Kumar, V., Cotran, R. S., & Robbins, S. L. (2003). *Robbins basic pathology* (7th ed.). Philadelphia, PA: Saunders.（森　亘・桶田理喜（監訳）（2004）．ロビンス基礎病理学（第 7 版）廣川書店）

Sies, H. (Ed.) (1985). *Oxidative stress*. London: Academic Press.（井上正康（監訳）（1987）．活性酸素と疾患：分子論的背景と生物の防衛戦略　学会出版センター）

Slack, J. M. W. (2006). *Essential developmental biology* (2nd ed.). Oxford, UK: Wiley-Blackwell. 大隅典子（訳）（2007）．エッセンシャル発生生物学（改訂第 2 版）羊土社）

Takahashi, K., Tanabe, K., Ohnuki, M., Narita, M., Ichisaka, T., Tomoda, T., & Yamanaka, S.

(2007). Induction of pluripotent stem cells from adult human fibroblasts by defined factors. *Cell, 131,* 1-12.

柳田光弘（1995）．細胞から生命が見える　岩波書店

08 「健康的存在」を通しての学際的研究

山　祐嗣・Lai, Wai Ling・寺嶋正明

　学問領域は，取り扱う現象によってのみならず，この現象の説明の水準によって分類されている。たとえば，物理学は物理的現象を扱い，物理的原理あるいは理論でこの現象を説明する。一方，生物学は生命現象を扱い，生物学の理論でこれを説明する。しかし，生物学者には少々残念なことかもしれないが，生命現象を含めたほとんどの現象は，基本的には，物理現象に還元できるかもしれない。生物学の理論では，たとえば神経細胞における情報伝達において，膜電位の変化が重要である。すなわち，神経細胞における情報の伝達という「現象」を，膜電位変化で「説明」しているわけである。しかし，では膜電位変化とは何かという疑問にこたえるためには，この電位変化は物理現象である以上，生物学の範囲を超えてしまう。乱暴な言い方かもしれないが，生物学者にとって，神経細胞の伝達は，膜電位変化で説明されるのであり，彼らには，膜電位変化のイオンにおける電子の動きにまでは関心はない。この説明のためには，物理学において得られた知見が必要である。すわわち，神経における情報伝達（厳密には，１つの細胞内における伝達である）は，膜電位変化に還元され，膜電位変化は，電子の物理的移動・変化に還元されるわけである。

　あらゆる現象が物理還元できるからといって，すべてを物理学的説明に帰着させるのが妥当なわけではない。たとえば，社会科学としての歴史学といえども，歴史の流れは人々の行動の結果であり，人々の行動が，個々の身体内の化学的変化や物理的変化，あるいは個体と外界との物理的接触の結果である以上，物理学の理論によって因果に沿った歴史の後追いはできるかもしれない。言い換えれば，歴史現象といえども，物理還元が可能なのである。

　しかし，歴史におけるなんらかの法則を説明しようとすれば，物理学の水準では，到底適切な説明とはいえない。日本の維新史を解明するために，井伊直弼の暗殺は重要であろう。しかし，この暗殺を説明するために，井伊直弼を襲った水戸・薩摩藩士の刀の硬度と井伊家の籠の頑丈さを物理学で説明しても，歴史学的には重要な説明とはいえない。この説明において，徹底的に物理還元しても，歴史学者には満足な説明にはならないはずである。学問領域によって，適切な説明の水準は互いに異なっているといえる。

　このような異なった学問領域が集まった学際的研究には，大別して，二つの側面があるのではないだろうか。一つは，差異を認めたうえでの相補的な研究で，実用性を目的としている。もう一つは，共通性を重視する相互作用的な研究で，より一般的な理論の構築を目的としている。もちろん，この分類はたいへん荒っぽいものであり，これまで行われてきた学際的な研究が，すべてどちらかに分類されるかといった厳密な基準があるわけではない。

　前者の最も極端な例が，たとえば，考古学において，出土物の年代を推定するために，放射性炭素法が用いられているような場合である。測定法自体は考古学とは何の関係もなく，放射性炭素法がなぜある程度妥当な方法であるのかを保証するメカニズムは，歴史学の法則研究とはほとんど関係がない。放射性炭素法は，現時点で考古学には重要であるが，もし将来的にもっと信頼できる方法が開発されれば，少なくとも考古学において不要となる可能性もある。これほど，極端ではないにせよ，ある現象を異なる水準で相補的に説明することによって，成功的とみなされる学際的研究は多い。

　一方，後者の場合は，より普遍的な法則や理論を求めての学際的研究である。たとえば，心理学と経済学の共同研究を考えてみよう。心理学の研究にしろ，経済学の研究にしろ，社会科学として共通しているのは，人間の行動が経済的に適応的なのかどうかという問題意識があり，それらの行動をどのような理論で説明するのか，さらには，それらの理論をどのようにして検証するのかという方法論はほぼ同じである。そうしたなかで，心理学だけでは，あるいは経済学だけでは，発見できなかった事実や，構築できなかった包括的な理論があったかもしれない。さらに，社会科学全般に敷衍できる理論の構築や検証の方法など，より一般的な知見が得られているかもしれない。この例は，片や心理学，片や経済学という別の学問領域のそれぞれの登山口から登り始めて，ちょうど頂上で出会うようなものであろう。

　本書は，さまざまな領域の研究者たちがそれぞれの領域で，「健康」という概念

を多角的に理解するために，執筆したものである。その意味で，始まりは相補的である。しかし，このような試みにおいて，同時により普遍的な意味で健康が理解され，さらには「人間の幸福とは何か」という遠大な問題にも言及ができたのではないかと思う。

　本書は，大別して，３種のアプローチからなる。１章から４章までは，哲学・認知科学的アプローチ，５章は，社会的な視点からのアプローチ，６章と７章は，自然科学的なアプローチである。

　まず，第１章では，ホメオスタシスという概念を，従来の生物学的なアプローチではなく，哲学的な論考によって議論している。従来のシンプルな環境モデル上でのホメオスタシス概念を，現代の複雑な社会にどのように適応すべきかがこの章のテーマである。また，２章では，西洋人の自己高揚バイアスと東洋人の自己卑下バイアスに注目し，従来しばしば説明に用いられてきた自尊心概念ではなく，環境への適応という視点から説明を試みている。３章と４章は言語学の領域である。３章では，ノーム・チョムスキー（A. Noam Chomsky）理論を中心に，これがルネ・デカルト（René Descartes）やガリレオ・ガリレイ（Galileo Galilei）の健康の問題と結びついていることが示され，４章では，さまざまな言語に見られる多くの言語表現が，身体的感覚の比喩を用いていることが示されている。

　社会的なアプローチの枠内だが，５章は異色である。５章では，通訳という視点から，文化的背景の差異がいかに重要かということが力説されている。概して健康やウェルビーイングが語られる時，このような文化的な視点は特殊なものとして扱われてきたが，単なる異文化理解だけではなく，異なる価値観や文化的背景をもった人々同士の健康的なコミュニケーションにも，適用できるだろう。

　６章では，環境化学物質が動物にどのような影響が与えるのかが論じられている。また，７章では，人体の細胞における活動が，健康という点でどのように貢献しているか論じられている。

　これらの各章の結びつきは，学際的研究の二つの側面とどのようにかかわっているだろうか。まず，相補性基準だが，これは十分に満たされていると思う。さまざまな領域から健康が論じられており，それぞれの学問領域だけでは足りない部分がお互いに補われている。とくに，言語学，通訳学の視点は，従来はほとんど取り扱われておらず，次第に注目されつつあるとはいえ，新しくかつ重要な問題といえるだろう。

　ただし，本書はさまざまな領域からのアプローチとはいえ，すべての側面を網羅

しているわけではない。たとえば，心理学の領域で，精神的健康の問題を集中的に扱っている健康心理学や臨床心理学，さらには精神医学からアプローチした章はない。また，健康と関連が深い，たとえば幸福や人生の諸問題に触れたような宗教や文学を題材にしたアプローチもない。芸術と健康の関係も論じられていない。行政や法律の側から，人々が健康的であるためにはどうしたらいいかという問題も扱われていない。そういう意味では，本書は，網羅不足であるといえるかもしれない。

　では，普遍性という基準ではどうだろうか。広い意味では，どの章も，人間の健康とは何かという問題に言及している。しかし，すべての章にまたがる普遍性を探すのは，たいへん困難な作業になる。この章の冒頭でも記したように，説明の水準が異なると，普遍的な何かを求めるのは困難になる。学際的研究という点で，この点が本書で不足しているかもしれない。しかし，いずれの章も，人間が健康になるためにどのような戦略で適応しようとしているのかという視点で読めば，何らかの止揚的発展が期待できるのではないだろうか。

　社会の複雑化や人工的に作られた製品の高度化と，学問・研究の発展は，相互作用的である。今世紀に入り，社会はますます複雑化し，コンピュータをはじめとする人工物は高度化の一途をたどり，また，学問・研究も驚くべき発展を遂げている。人類は，いつの時代も，自分が生きている時代が最新であるため，常に未来への展望は不確実であろうことは想像できるが，この10年余りのあいだの変化の速さは，人類がいまだ経験したことがないものであるように思える。「健康」という概念も大きく変わりつつある。そして，「健康」に生きていくためには，さまざまな環境的要因を考慮なければならず，また，自分自身の身体のみならず，精神の内面へもケアを怠っていてはいけない。そして，グローバル化に代表される社会の変化にも適応していかなければならない。このような状況下で，「健康」をテーマに，さまざまな学問領域の研究者が集まってそれぞれの成果を披露するということは，たいへん重要なことである。確かに，冒頭で掲げた学際的研究の二番目の目標は今後の課題として残されているとは思う。また，すべての側面を網羅していないかもしれない。しかし，それぞれのメッセージはたいへん重要で，わたしは，本書では，自分の興味がある領域（あるいは，自分の専門領域）のみを読むというよりは，すべての章を読了していただきたいものだと考えている。それが，本書で積み残したもの，すなわち，学際的普遍性の追求と，より網羅的なアプローチへと結びついていくだろう。

索　　引

人名索引

事項索引

著者紹介（*編者）

はじめに：
　Lai, Wai Ling*（頼　偉　寧）（名古屋大学教養教育院准教授）
　　　　　　　ライ ウェイリン
　寺嶋正明*（てらしま　まさあき）（神戸女学院大学人間科学部教授）

01：
　Lai, Wai Ling*（頼　偉　寧）（名古屋大学教養教育院准教授）
　　　　　　　ライ ウェイリン
　訳：寺嶋正明*（てらしま　まさあき）（神戸女学院大学人間科学部教授）

02：
　山　祐嗣*（やま　ひろし）（大阪市立大学大学院文学研究科教授）

03：
　田島和彦（たじま　かずひこ）

04：
　Klint, Ryan D.（クリント　ライアン D.）
　訳：山　祐嗣*（やま　ひろし）（大阪市立大学大学院文学研究科教授）

05：
　松縄順子（まつなわ　じゅんこ）（フリーランス　会話通訳）

06：
　川合眞一郎（かわい　しんいちろう）（甲子園大学栄養学部特任教授）

07：
　西田昌司（にしだ　しょうじ）（神戸女学院大学人間科学部教授）

08：
　山　祐嗣*（やま　ひろし）（大阪市立大学大学院文学研究科教授）
　Lai, Wai Ling*（頼　偉　寧）（名古屋大学教養教育院准教授）
　　　　　　　ライ ウェイリン
　寺嶋正明*（てらしま　まさあき）（神戸女学院大学人間科学部教授）

健康的存在

2018 年 6 月 20 日　　　初版第 1 刷発行　　定価はカヴァーに
　　　　　　　　　　　　　　　　　　　　　表示してあります

　　　　　　　　　編著者　頼　　偉寧
　　　　　　　　　　　　　寺嶋正明
　　　　　　　　　　　　　山　祐嗣
　　　　　　　　　発行者　中西　　良
　　　　　　　　　発行所　株式会社ナカニシヤ出版
　　　　　〒 606-8161　京都市左京区一乗寺木ノ本町 15 番地
　　　　　　　　　　　　　Telephone　075-723-0111
　　　　　　　　　　　　　Facsimile　075-723-0095
　　　　　　　Website　http://www.nakanishiya.co.jp/
　　　　　　　Email　iihon-ippai@nakanishiya.co.jp
　　　　　　　　　　　　郵便振替　01030-0-13128

装幀＝白沢　正／印刷・製本＝創栄図書印刷
Copyright Ⓒ 2018 by W. L. Lai, M. Terashima, & H. Yama
Printed in Japan.
ISBN978-4-7795-1266-7 C3000